PEINTURES DÉCORATIVES

DE

PAUL BAUDRY

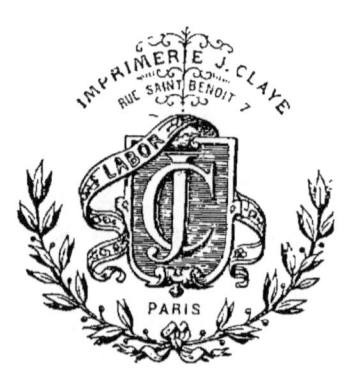

ÉMILE BERGERAT

PEINTURES DÉCORATIVES

DE

PAUL BAUDRY

AU GRAND FOYER DE L'OPÉRA

ÉTUDE CRITIQUE

AVEC PRÉFACE

DE THÉOPHILE GAUTIER

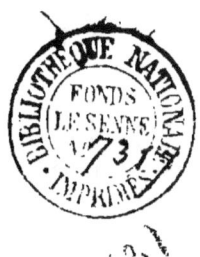

PARIS

MICHEL LÉVY FRÈRES, ÉDITEURS

RUE AUBER, 3, PLACE DE L'OPÉRA

LIBRAIRIE NOUVELLE

BOULEVARD DES ITALIENS, 15, AU COIN DE LA RUE DE GRAMMONT

1875

Droits de reproduction et de traduction réservés.

pourra servir de document aux historiographes futurs et les renseigner sur la curiosité passionnée qu'excitait déjà, dans son élaboration cachée, le monument le plus considérable produit par le xixe siècle. Certains échafaudages valent quelquefois les édifices qu'ils soutiennent, et quand ils disparaissent, il est des gens de goût pour regretter de ne plus voir leurs silhouettes dentelées se découper sur le ciel : c'est à ceux-là que s'adresse l'étude de Théophile Gautier.

E. B.

PAUL BAUDRY

LES PEINTURES
DU
GRAND FOYER DE L'OPÉRA

I

Un mur « derrière lequel il se passe quelque chose est déjà un spectacle ! » a dit Victor Hugo dans *Notre-Dame de Paris.* La façade du nouvel Opéra, qui cache aux yeux du public une grande activité de travaux intérieurs, exerce sur le passant une fascination de mystère : affaire de flâner, il s'arrête toujours en traversant la place, et reste quelques minutes en contemplation devant l'édifice. Ce n'est pas la Loggia qu'il contemple, ni les bustes des illustres compositeurs, ni même le groupe de la danse de Carpeaux, ce tourbillon chorégraphique fixé dans la pierre : il cherche à deviner « ce qui se passe derrière ce mur ».

L'autre jour, voyant quelques voitures stationnant devant une petite porte basse d'une des façades latérales, nous pensâmes que quelque compagnie visitait le monument encore interdit au vulgaire, et que nous ne courrions pas grand risque à nous engager sur ses pas, sauf à nous réclamer de Garnier ou de Baudry, au cas où notre présence aurait l'air d'une intrusion.

C'est pour nous un vif plaisir que de nous promener dans un édifice en ruines ou en construction — ce qui, d'ailleurs, se ressemble beaucoup. Enfant, nous trouvions un charme inexprimable de curiosité et de terreur à suivre les héroïnes d'Anne Radcliffe dans leurs excursions nocturnes à travers le dédale de couloirs, de corridors, de passages secrets et de souterrains du château des Pyrénées et autres manoirs gothiques.

Homme, notre goût n'a pas changé, et nous ne manquons pas une occasion de le satisfaire.

Les théâtres sont faits pour la nuit. Pendant le jour, ils sont déserts et se reposent. Comme les autres édifices, ils ne cherchent pas la lumière naturelle pour l'éclairage. Le gaz est leur soleil. N'ayez aucune inquiétude. Cette pénombre, où ils semblent dormir pendant la journée, deviendra, le soir, une atmosphère étincelante.

II

Après quelques détours à travers une ombre que rendaient visible quelques rayons de jour égarés, nous nous trouvâmes au bas d'un escalier latéral, et nous commençâmes, avec une sage lenteur, l'ascension de cette Babel dont nous étions loin de soupçonner tous les étages.

L'escalier monte par deux rampes aux paliers, d'où se lance une troisième rampe se reliant à l'étage supérieur. Tout ce système est supporté par de courtes colonnes de marbre rouge d'un aspect robuste et rassurant, que nulle foule ne ferait plier. Rien de plus simple et de plus riche à la fois.

A chaque palier, un bec de gaz, soutenu par une tige de fer, secouait sa flamme échevelée à tous les courants d'air, et jetait sur les murs sa lumière vacillante entrecoupée de grandes ombres.

Les marches n'ont pas encore leurs revêtements; les balustrades manquent aux rampes; et quand nous passions sur la rampe du milieu, jetée comme un pont au-dessus de l'abîme qui s'approfondissait à mesure que nous montions, nous éprouvions un certain malaise, et nous avions bien soin de nous tenir à égale distance de chaque bord, sans pouvoir toutefois nous empêcher de regarder au fond du gouffre.

Aux paliers succédaient les paliers. Comme dans ce cauchemar architectural de Piranèse, où l'on voit un homme amaigri par la fatigue et le désespoir gravir des degrés qui se renouvellent toujours, l'ascension semblait ne devoir jamais finir.

Les voix des visiteurs qui nous précédaient s'affaiblissaient, et le bruit de leurs pas ne nous parvenait plus que par un vague écho de la cave immense et sonore. Ils nous paraissaient à des hauteurs incalculables.

Parfois, à un repos de l'escalier, une porte monumentale s'ouvrait, encadrant un large pan d'ombre, où l'on démêlait confusément des architectures mystérieuses, des salles d'une grandeur ninivite et babylonienne.

Il est difficile d'imaginer quelque chose de plus fantastique, de plus semblable au rêve que ces grands édifices inachevés, entrant ainsi sous un demi-jour crépusculaire où tremblote de loin en loin une étoile de gaz, comme pour en faire mieux sentir l'immensité en la ponctuant de leurs feux. Les enchevêtrements des échafaudages, avec leurs poutres, leurs chevalets et leurs ponts de planches, contribuent encore à la bizarrerie de l'effet.

Nous n'avons plus le souffle qui nous faisait autrefois escalader si lestement les tours des châteaux, les clochers des cathédrales et les flèches des Munsters : aussi fut-ce avec une réelle satisfaction qu'après dix-sept ou dix-huit révolutions de l'escalier interminable, nous nous trouvâmes sur le palier suprême, au niveau du toit de l'édifice.

Heureusement notre ami Charles Garnier, qui nous avait vu gravir avec peine les spirales sans nombre de cette autre tour de Lylacq, avait aposté un guide pour nous conduire à l'atelier de Baudry; nous n'eussions jamais pu y parvenir sans ce secours.

Il nous fallut d'abord marcher dans le chéneau à recevoir les eaux de pluie qui entoure la calotte recouvrant la salle au-dessus de laquelle nous étions alors, de plain-pied avec les Pégases dorés dont les ailes palpitantes s'ouvrent aux angles de la façade, puis franchir des passerelles, grimper à d'étroits escaliers en fer jusqu'à l'atelier qui contenait les peintures destinées à la décoration du foyer.

C'est tout un monde que ces combles du nouvel Opéra, et que d'en bas il est impossible de soupçonner.

III

Baudry a eu cette bonne fortune, rare dans la vie des artistes modernes, d'être chargé tout jeune encore, mais dans la maturité de son talent, d'un vaste ensemble de peintures où il pouvait déployer à l'aise ses brillantes qualités de composition, de style et de couleur. Il a senti ce bonheur et a tout fait pour s'en rendre digne. Possédant déjà toute la science de l'école, célèbre par des travaux remarquables, tels que le *Supplice d'une Vestale*, la *Léda*, la *Fortune et l'Enfant*, la *Perle*, la *Diane chasseresse*, la *Vénus au miroir*, et ce merveilleux plafond du Jour et de la Nuit, que dérobe au public une admiration trop jalouse, sans compter des portraits qu'eussent signés les maîtres les plus fiers, il se cloîtra courageusement dans son art, renonçant à toutes les séductions de Paris, et se mit en retraite à Rome, où il vécut dans une solitude profonde, fermant sa porte aux visiteurs et ne fréquentant que Michel-Ange. Pour se familiariser avec les sublimités de la grande peinture murale, il copia de sa main divers fragments du plafond et des voussures de la Sixtine, non pas en pochade, mais de la dimension des originaux. Il refaisait là ses études de prix de Rome, mais avec le goût, le sérieux et l'intelligence du maître.

IV

Quand on parle de Michel-Ange, l'idée qui se présente la première est celle d'un génie terrible, s'exprimant par des torsions de poses et des violences de muscles. Cette idée en elle-même n'est pas fausse. En effet, l'œuvre de Michel-Ange se présente tout d'abord à l'esprit comme une consécration de la force. Mais quand on l'étudie, on s'aperçoit bientôt que ce Titan de la peinture a une grâce suprême — la grâce des forts! — Il possède une élégance hautaine, une coquetterie grandiose, un charme surhumain et, dans sa sévérité même, une volupté féminine indéfinissable. Pour s'en convaincre, il suffit de regarder sur les tombeaux des Médicis les figures étrangement belles, et d'une fascination si puissante de la *Nuit* et de l'*Aurore,* et au plafond de la Sixtine, *Ève,* d'une incomparable beauté que n'atteignit jamais Raphaël, irrésistible tentatrice pour qui Adam dut perdre le paradis sans regret. D'autres personnages des pendentifs et des voussures ont cette grâce fière qui fut comme l'aristocratie et l'insolence du beau.

Baudry a compris cela, et, ne voulant pas faire de sa commande au Nouvel Opéra un travail purement décoratif expédié d'une brosse rapide et brillante, il est allé demander à Michel-Ange, le maître souverain, des conseils de style et le secret de cette élégance sévère qui charme et qui domine. Ce sera donc l'art, et le plus grand art, pris aux pures sources de la Renaissance, qui rayonnera splendidement dans les riches cadres d'architecture préparés à son ami par Charles Garnier. Mais n'allez pas croire à une imitation. Le jeune maître reste lui-même, et son inspiration jaillit libre et naturelle avec cette aisance que donnent toujours au génie de fortes études et une science profonde. On peut dès aujourd'hui dire que la France pourra opposer aux plus belles fresques de l'Italie les peintures du foyer de l'Opéra.

V

Voilà tantôt six ans que ce gigantesque travail est commencé. L'artiste pense qu'il lui faudra trois années encore pour le terminer. Il se trouvera ainsi dans la mesure prescrite par Horace pour les poëmes — *nonum prematur in annum*. Et croyez qu'il n'aura pas perdu son temps : il y a là de quoi occuper toute une carrière de peintre : il vit dans son œuvre comme un religieux dans sa cellule, il y demeure, sans métaphore. Un coin de son atelier est devenu son appartement.

Le peintre de la *Perle* et de la *Vénus* est d'une taille un peu au-dessous de la moyenne, mais bien prise et robuste. Il faut une grande vigueur physique pour exécuter ces vastes machines, et pour que le corps, dans ces rudes labeurs, ne trahisse pas l'esprit. Sa tête énergique, au profil découpé en médaille romaine, à l'œil noir et vif, est de celles qu'on n'oublie pas. Baudry porte les cheveux courts, et de sa barbe, soigneusement rasée, qui colore de tons bleuâtres le bas de son visage d'une pâleur chaude, il n'a gardé qu'une fine moustache noire. Sa tenue est de la sévérité la plus correcte. Un Anglais n'y trouverait rien à redire. Dans son extérieur, rien d'excentrique, de romantique, d'artistique : il réserve sa fantaisie et sa couleur pour ses tableaux, et se contente d'être un grand peintre et un parfait gentleman. Bien qu'il soit aujourd'hui retiré dans son œuvre, on voit qu'il a fréquenté le monde — et le meilleur monde ; et, pour y renoncer, il a dû lui falloir du courage, car il y réussissait. Baudry est un causeur spirituel. Il sait écrire et pourrait, comme Fromentin, quitter le pinceau. Il est fou de poésie et de musique, et joue même assez bien du violon ; talent que notre siècle spécialiste a tant raillé chez M. Ingres, mais que l'Italie de la Renaissance ne reprochait pas à Léonard de Vinci, qui tirait des sons merveilleux d'une lyre de son invention.

Nous n'approuvons pas cette fureur d'*information* qui pousse les journaux, pour arriver *premiers,* à trahir le secret de l'atelier, du cabinet et du théâtre, ne laissant rien de nouveau à connaître au public lorsque, après le temps de gestation nécessaire, l'œuvre paraît enfin. Pour juger l'enfant, peut-être vaudrait-il mieux attendre qu'il fût né.

Mais nous croyons pouvoir, sans être indiscret — l'œuvre est assez avancée pour cela — indiquer la composition générale de ce vaste travail, un des plus considérables dont un peintre ait été chargé.

VI

La décoration du plafond consiste en trois compartiments : celui du milieu, de forme oblongue, a quatorze mètres de long; et les deux autres, de forme ronde ou chantournée, six mètres. La salle du Grand-Conseil, au palais ducal de Venise, offre seule à son plafond un si riche déploiement de peinture.

Au compartiment du milieu s'enlèvent, dans un ciel d'un azur léger, coupé de nuages blancs, comme un ciel de Paul Véronèse : la *Poésie*, l'*Harmonie*, la *Mélodie*, la *Gloire*, accompagnées de vingt figures d'adolescents, dont quelques-uns s'accoudent à la balustrade en perspective qui encadre le tableau, et semblent regarder les promeneurs du foyer.

Les deux autres toiles représentent, la première : la Tragédie, symbolisée par Melpomène ; la *Pitié,* la *Fureur,* l'*Épouvante ;* — et la seconde, la Comédie, que figurent *Thalie,* l'*Amour* et l'*Esprit,* criblant de ses flèches un satyre, personnification du vice et du ridicule.

Ces peintures ne sont point encore exécutées ; mais, à l'aide des esquisses et des cartons, il est facile, dès à présent, de se rendre compte de leur effet.

Les peintures suivantes, complétant l'ensemble de la décoration, sont entièrement achevées, sauf les quelques retouches ou raccords que pourra nécessiter la mise en place définitive.

Un des morceaux les plus importants de la série est la voussure du fond, qui ne mesure pas moins de dix mètres, et représente le *Parnasse,* où figurent, comme personnages obligés : Apollon, les Muses, Orphée, Amphion, Homère, Hésiode, Pindare[1] ; et, dans un coin, quelques poëtes d'une immortalité plus jeune, symbolisant la vie moderne : Gœthe, lord Byron, Alfred de Musset[2].

VII

Dix voussures latérales de cinq mètres chacune, et séparées par des Muses en feint relief, de grandeur colossale, renferment les sujets suivants : *Apollon faisant écorcher Marsyas :* — le *Jugement de Pâris,* qui, cette fois, sera bien embarrassé de décerner la pomme à trois rivales également et diversement belles ; — ***David apaisant avec les sons***

---

1. Th. Gautier confond ici le tableau du Parnasse avec celui qui représente les Poëtes civilisateurs.
2. La description était exacte au temps où Th. Gautier écrivait cet article ; l'artiste, depuis, a substitué aux poëtes les effigies des grands musiciens.

de sa harpe les fureurs de Saül; — *Orphée déchiré par les bacchantes,* moins faciles à apprivoiser que les tigres, et qui, le meurtre commis, se livrent, échevelées, à leurs rondes orgiaques, symbole de la danse féminine; — *Jupiter et les corybantes,* qui sautent en frappant leurs boucliers pour empêcher le vorace Saturne d'entendre les vagissements du nouveau-né, et représentant la danse virile; — *Salomé,* exécutant devant Hérode cette danse dont la tête de Jean-Baptiste fut le prix; — des bergers de Théocrite ou de Virgile, de Théocrite plutôt, se livrent à ces luttes alternées de chant et de flûte que récompense le don d'une coupe de hêtre ou d'un chevreau blanc, et exprimant, en style d'églogue, la musique pastorale; — des soldats animés du souffle furieux de Mars, selon la poétique expression d'Eschyle, collent leur bouche à la bouche de cuivre des trompettes, et sonnent à pleins poumons une fanfare de combat symbolisant la musique guerrière ; — *Orphée tendant ses bras à l'ombre d'Eurydice,* que Mercure Psychopompe enlève et ramène au ténébreux séjour ; — et, enfin, pour rappeler la musique religieuse, *le rêve de sainte Cécile,* tiré de la légende dorée de Jacques de Voragine.

VIII

Nous ne faisons ici qu'indiquer. Pour rendre compte de l'œuvre, il faudrait huit ou dix articles que nous n'avons pas encore le droit de publier. Espérant qu'il ne nous en voudra pas de cette indiscrétion, nous avons seulement entr'ouvert la porte de l'atelier d'un ami, pour que nos lecteurs puissent y jeter un coup d'œil rapide et furtif.

Nous allions oublier dix dessus de porte

pour le même foyer, renfermant chacun deux ou trois enfants, amours ou petits génies, tenant des instruments de musique. Ces groupes sont d'une invention, d'une beauté et d'une couleur vraiment merveilleuses; en les regardant, nous songions aux petits Amours qui occupent les lunettes de voûte de verdure dans la Salle des Bains de Diane, à Parme. Les jeunes garçons peints par Baudry pourraient passer pour les frères des enfants du Corrége, frères aînés d'une grâce plus hardie et plus nervique peut-être et d'un charme supérieur.

Théophile Gautier.

Novembre 1871.

LE
GRAND FOYER
DE L'OPÉRA

I

IMPRESSION GÉNÉRALE

En présence d'une œuvre de cette importance, qui est un événement dans l'histoire de l'art, la première émotion que nous avons éprouvée a été de constater (nous en demandons bien pardon au lecteur) que son auteur est Français. Cela n'a pas laissé que de nous consoler un peu de tant de prédictions sinistres sur la fin de nos prédominances intellectuelles. Entre un peuple décadent et, paraît-il, épuisé, qui enfante encore de tels ouvrages, et des nations toutes neuves dont le génie n'atteint pas par sa production ce qu'il rêve par sa critique, les distances ne sont pas franchies, et nous augurons sans crainte des jugements de la postérité. M. Paul Baudry est responsable de notre joyeux et, si l'on veut, naïf orgueil, car il a retenu par un bout de l'aile cette Muse nationale qu'on accusait de s'envoler de nos cieux assombris. Il devient difficile d'affirmer maintenant que l'on ne va voir à Paris que ses boulevards, ses opéras-bouffes et les étoiles de son demi-monde, car quelque chose vient d'y naître dont il faut se préoccuper, fût-on d'ailleurs le plus rigide des contempteurs de Babylone : *Nescio quid majus nascitur Iliade!* Nous avons du nouveau à offrir à ceux-là qui ne jurent que par le seul génie des grands maîtres.

L'œuvre est énorme, et elle atteste en M. Paul Baudry des facultés magistrales dont la réunion le place dès à présent à la tête de tous les peintres, nous ne disons pas de la France, mais de l'Europe contemporaine; et ceci ne sera pas contesté. Le peintre qui a conçu, exécuté et terminé en moins de dix ans les trente et quelques compositions qui forment ce vaste poëme pictural du nouvel Opéra, n'a pas de rivaux parmi les artistes contemporains. Il s'est élevé d'un bond aux plus hauts sommets, auprès de ceux dont les noms ne périssent point parce qu'ils ont doté le monde d'une expression nouvelle de la Beauté, réalisé une vision d'idéal et fixé un rêve; en un mot, parce qu'ils ont fait œuvre de poëtes et besogne de créateurs.

II

L'IDÉE DÉCORATIVE

Suivant d'immortels exemples, c'est dans les développements réguliers d'une idée générique que M. Baudry a cherché les motifs divers des compositions dont l'ensemble forme sa création. Cette idée lui était naturellement imposée par la destination du monument qu'il était appelé à décorer : il n'avait donc qu'à l'accepter telle qu'elle lui était soumise avec les proportions déterminées par l'architecte, c'est-à-dire dans toutes ses données de cadres et de sujets, et c'est ce qu'il a fait. — Qu'est-ce que cet art de l'opéra, auquel M. Garnier a construit un temple nouveau? La réunion de trois arts : Poésie, Musique et Danse, qui, combinées ensemble et participant l'une de l'autre, produisent sur l'homme une sensation puissante et d'un caractère particulier. Il s'agissait donc tout d'abord de les symboliser et d'arrêter ces trois thèmes décoratifs.

Les rôles différents joués dans l'humanité par chacun de ces arts fournissaient les développements les plus clairs à la fois et les plus féconds de ces thèmes, car la Musique, la Poésie et la Danse, datant des origines mêmes de l'homme et du premier échange des sons, des pensées et des gestes, le peintre voyait par eux s'ouvrir devant lui la succession des histoires, des poëmes, des symboliques religieuses, ou, si l'on veut, des mythes, que ces trois arts suivent pas à pas le long des âges ; et, poursuivant dans cette triple filière les seules influences musicales, poétiques et chorégraphiques, il se trouvait embrasser, par ses côtés artistiques au moins, l'humanité tout entière. Ainsi ces développements n'étaient-ils restreints qu'à l'espace mesuré au pinceau de l'artiste, et son goût seul lui indiquait les choix auxquels il devait les borner, et par lesquels il devait les synthétiser. Telle était la façon la plus simple et en même temps la plus grandiose de concevoir cette décoration d'un Opéra ; c'est aussi celle à laquelle M. Baudry s'est arrêté, sans se dissimuler la vastitude de l'entreprise. Il suffit d'en contempler un instant les résultats pour comprendre qu'il y fallait une organisation exceptionnellement douée, et que ce travail de Titan exigeait de robustes épaules et la sérénité d'un génie véritable.

Le plan, accepté dans toutes ses conséquences et philosophiquement élaboré, restait l'exécution. Le monstre vaincu, il faut sortir du labyrinthe. Il y a en ce cas deux écueils dans la conception des détails : leur valeur propre ne doit pas les soustraire à la loi d'unité qui revêt l'ensemble de son style homogène ; et cependant ils n'offrent d'intérêt qu'à la condition de flatter les yeux par des diversités propres. Ou, pour parler plus clairement, les différents tableaux dont l'œuvre se compose doivent être à la fois des parties du tout et des touts eux-mêmes très-distincts. C'est à l'ordre didactique que l'artiste a demandé son fil d'Ariane, et nous croyons que sur les divisions et les choix de sujets adoptés par M. Baudry, tant ils sont naturels et réguliers, un habile rimeur suffirait à produire un poëme complet en l'honneur de l'Opéra. Il est nécessaire de bien se persuader que l'art décoratif, par son rôle même, est limité à l'allégorie et à la symbolisation, et qu'il n'a pas d'autres moyens de s'exprimer, les actualités n'étant pas de son domaine. Ce besoin de modernité, qu'on a baptisé *le réalisme,* ne peut influer sur lui que de fort loin et d'une façon inavouée sinon inconsciente, forcé qu'il est de demander sa poétique aux éternels lieux communs consacrés par l'usage et seuls tout à fait explicites. Tout veut être généralisé dans la peinture murale, comme tout veut y être idéalisé. Il est évident, par exemple, que l'idée de la *force,* si elle est personnifiée par Hercule, s'exprimera clairement pour le moins lettré des spectateurs ; mais si cette force implique dans la pensée du décorateur un don tout spécial et une mission divine, le mythe de Samson répond à cette nuance et l'indique. Le peintre, d'ailleurs, est libre de satisfaire à ce besoin de modernité dont nous parlons et de dater son œuvre en prêtant à cet Hercule la ressemblance, si l'on veut, d'un athlète contemporain ou son attitude favorite, pourvu que ces particularités demeurent herculéennes et ne troublent point le symbole par trop de précision dans la ressemblance.

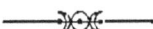

M. Baudry, pénétré de cette vérité qu'en dehors des traditions acceptées par les maîtres les plus indépendants, le décorateur ne saurait rien inventer sans risquer de ne pas être compris, ne s'est donc pas arrêté à l'ambition puérile d'imaginer des types nouveaux et de leur créer des milieux énigmatiques ; ne se jugeant pas plus poëte qu'Homère et que la Bible, il a pensé que ce qui avait suffi à Michel-Ange, à Raphaël et au Léonard pour s'exprimer ne resterait pas au-dessous de son génie, et que pour parler d'une façon neuve il n'était pas utile d'inventer d'abord un langage. Et c'est à des sources inépuisables et auxquelles les enfants de nos enfants boiront encore dans dix siècles qu'il a tranquillement puisé les formules éternelles du beau qu'il poursuit. La mythologie lui a fourni la moitié de ses sujets, et les deux Testaments le reste. Il faut s'attendre à ce que quelques critiques interprètent à faiblesse de conception cette soumission, si magistrale pourtant et si audacieuse, aux vieilles traditions, tant combattues par les écoles nouvelles.

On demandera à ses dieux et à ses héros ce qu'ils nous veulent, et on criera à ses personnages bibliques : « Que venez-vous faire dans notre Opéra? » On accusera M. Baudry d'avoir rendu inutilement une vie factice à des symboles usés et dont les maîtres chrétiens avaient tiré le suc et la moelle. Il se peut même, et l'artiste doit aussi s'y préparer, qu'il reste incompris de son époque, si follement éprise du nouveau, qu'elle le poursuit jusque dans la laideur; mais qu'importe tout cela? « Le temps, » a dit un poëte, « n'épargne pas ce qu'on a fait sans lui, » mais il donne tôt ou tard leur valeur aux choses qui ne demandent qu'à lui leur consécration. Si par quelques détails perdus dans l'ensemble M. Baudry a tenu à prouver qu'il n'était pas insensible aux événements de ces dernières années, il n'a pas restreint, pour nous flatter, la portée de son œuvre à cette période accidentelle de l'histoire humaine, et il a bien fait, car son poëme décoratif survivra au siècle qui l'a vu naître et il ajoutera une page au Livre d'or et d'airain de ce génie de l'homme qui prélève déjà, en l'attestant, sur notre immortalité.

III

LES PLAFONDS

1

LA MÉLODIE ET L'HARMONIE

L'originalité particulière de ce plafond central nous paraît consister en ceci : qu'il est réellement un plafond et non pas une toile de dimension quelconque appliquée sur une voûte, en guise de décoration. Parmi les problèmes artistiques, la donnée d'un plafond est l'un des plus difficiles que propose l'art de peindre. Il comporte quelque chose de monumental par où il exige non-seulement une science magistrale des ressources du dessin et de la couleur, mais encore une aptitude exceptionnelle pour entendre l'épique et un sens à la fois synthétique et encyclopédique de tous les arts, mais en particulier de l'architecture. L'esprit monumental est le véritable génie du décorateur. On peut être un peintre de grande valeur sans être capable d'entreprendre une décoration; mais on peut aussi mener à bien une décoration sans pouvoir réussir un plafond. Le plafond est la pierre de touche du talent décoratif, talent très-rare et très-spécial, et qui compte peu de maîtres dans l'histoire de l'art.

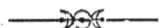

Ce qui nous prouverait que M. Paul Baudry est l'un de ces maîtres, c'est la manière absolument monumentale dont il a conçu son plafond central, celui qui nous occupe. Autour de ce dôme d'azur, dans lequel nagent et se meuvent ses allégories, court une sorte de balustrade, formant terrasse sur l'espace, et sur laquelle déborde tout un peuple de petits génies disposés le long du cercle en vingt attitudes différentes. Cette terrasse circulaire, dont le ciel est enceinturé, semble supporter un édifice aérien, perpendiculairement projeté dans l'infini, et pareil à quelque palais féerique vu dans l'eau profonde. Ce palais n'arrive à l'œil du spectateur que par ces reflets profilés, et, de ses jardins inaperçus, des fleurs, des fruits et des gerbes irisées tombent de ci, de là, dessus, dessous et à travers les balustres de la terrasse, et attestent les enchantements d'un temple élyséen. De cet encadrement, d'une admirable invention décorative, résultent trois avantages : d'abord celui de prolonger jusqu'au rêve le motif architectural de la vaste salle à laquelle il s'adapte ; ensuite d'enfermer sous l'artifice d'une voûte les scènes diverses dont se compose l'œuvre et de contraindre le spectateur à en subir l'unité; et, enfin, d'attirer forcément ses regards vers ce plafond symbolique, où se résume en trois figures l'idée générique de l'œuvre, de manière que tous les développements picturaux y rayonnent, s'y éclairent et y concentrent l'émotion que l'artiste a cherché à produire dans l'âme de ce spectateur.

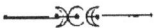

Si nous ne nous trompons, voilà bien des préoccupations de l'ordre décoratif et qui ne seraient point venues à un peintre mal doué de l'esprit monumental dont nous parlions. Mais là ne se borne point la mission du peintre; car, après s'être exprimé selon l'architecture et selon la peinture, il lui faut aussi parler d'après la poésie et justifier, pour ainsi dire, de ses symboles et de ses créations. On ne saurait ainsi jeter au hasard, dans un plafond, des enfants autour d'une balustrade sans que leur présence signifie quelque chose et joue un rôle dans l'ensemble. L'allégorie, toujours menacée d'obscurité, a des règles sévères, et c'est la raison seule qui lui mesure la fantaisie. Par une conception charmante, l'artiste a disposé ces petits génies de façon à en faire les introducteurs du palais idéal où il nous transporte. Leurs attitudes engageantes et leurs jolis sourires pensifs semblent vouloir faciliter au public l'accès de cet édifice artistique qui vient de surgir à ses yeux. Ils s'offrent comme les poétiques cicérones de nos réflexions et de nos jouissances dans un pays de beauté jusqu'à présent inexploré, et si éloigné de la réalité ambiante qu'il nous faut perdre pied pour y atteindre et tout oublier pour l'admirer. Laissons-nous donc guider par eux vers ce ciel artistique où volent dans la sérénité les déesses aimées.

Qu'il est limpide et qu'il est transparent ce ciel, ouvert comme un abîme sans fond que de légers nuages traversent de leurs blancheurs ouatées. L'air est pur, vibrant et bleu, et les allégories s'y enlèvent et y jouent comme des alcyons au soleil. La Mélodie et l'Harmonie ne pouvaient chanter à l'aise que dans un ciel harmonieux. Enlacées l'une à l'autre et nouées dans un groupe charmant, les belles inséparables planent en souveraines, au centre même de la toile. La Mélodie, drapée de vert et les cheveux entremêlés de volubilis, lance à pleine voix, comme l'alouette, sa phrase inspirée et facile; sa sœur, vêtue de bleu céleste et rayonnante de joie, l'étreint et tient un violon; elle ajoutera bientôt des échos sonores à ce ramage d'oiseau. Une grâce enchanteresse émane de ce groupe symbolique, si léger dans ses draperies flottantes et qui voltige si bien dans l'espace qu'on craint réellement de le voir disparaître pour ne plus revenir.

Triomphante et levant par un mouvement d'enthousiasme sa lyre d'or, comme un autre soleil, dans l'immensité, la Poésie, à cheval sur le Pégase ailé dont les sabots font naître des étoiles, traverse la voûte sereine et gravit les routes sidérales. Elle est vêtue de pourpre comme les rois et les dieux, et sa tête sublime, dressée vers les hauteurs invisibles, respire l'orgueil de sa jeunesse éternelle. C'est un pur chef-d'œuvre que ce morceau et que l'on n'oublie plus quand on l'a vu une fois. Tout ce que la science du dessin peut mettre au service d'une conception hors ligne et tout ce que la couleur peut lui prêter de charme, est ici réuni dans un effort suprême. En face de cette Poésie sur le Pégase, on ne saurait qu'épuiser les formules d'admiration; mais si le mot « splendide » n'a rien perdu du sens que lui attribue le dictionnaire, nous dirons volontiers que cette figure est splendide.

La composition du plafond se complète par une dernière allégorie, la Gloire, enlevée également en plein air. Ainsi que la Poésie, à laquelle elle forme pendant, elle est revêtue d'une tunique rouge, mais tirant sur le vermillon orangé. Sa couronne de lauriers à la main, elle descend des cieux supérieurs et porte encore, à plein poing, la trompette d'or qui annonce aux quatre vents les belles choses humaines.

Tout ce plafond est peint dans une gamme de tons clairs et limpides dont l'effet général est doux à la vue. Les figures se détachent avec puissance sur les bleus gradués de l'azur, au milieu de cette terrasse enguirlandée de fleurs, d'enfants et de verdure. A la hauteur où il est placé (18 mètres environ) et dans cet encadrement d'or et de marbres précieux qui s'adapte si exactement à sa balustrade fictive, il produit l'effet d'une vision. La salle, comme découpée à jour, s'ouvre sur le ciel même; on s'attend à voir le soleil entrer par cette baie, et verser sa pluie de rayons sur les parquets vernis et miroitants. L'immobilité de ces divinités qui planent, étonne : l'oreille cherche un bruit d'ailes, et l'on est tenté de faire un signe à ces enfants curieusement penchés là-haut et qui vous regardent, pour leur demander la raison d'un silence inquiétant, lorsque tant d'ailes, de draperies, de mouvements aériens s'agitent dans ce coin entr'aperçu de l'immensité profonde.

2

LA TRAGÉDIE

Nous ne quittons point l'espace ni l'Empyrée ; mais le ciel se trouble et s'assombrit : des nuées sanglantes courent sous le fouet des éclairs. C'est le royaume de Melpomène. La Muse tragique, drapée de rouge, est assise, les jambes repliées, sur un trépied d'or ; elle tient une épée, et à ses pieds l'aigle étend ses ailes noires et semble vouloir projeter une ombre immense dans les airs et donner le signal des ténèbres. Melpomène ne regarde point ce qui se passe au-dessous d'elle; sa tête, mystérieusement impassible, se lève pour contempler l'orage qui l'environne et qui lui fait une auréole sombre : la fatalité qui l'étreint et l'inspire n'altère point sa fierté tranquille.

Accroupie à ses pieds, et les bras ramenés sur les yeux, avec un geste d'effroi saisissant de justesse et d'expression, l'Épouvante, en tunique violacée, se replie sur elle-même, et cache son visage altéré par la terreur. Le peintre a personnifié ainsi l'un des sentiments principaux qu'inspire la tragédie; les autres personnifications sont la Pitié et la Fureur. — La Pitié est symbolisée par une jeune femme blonde, debout à la droite de Melpomène, et s'élevant à elle au milieu des gazes flottantes de sa longue robe de deuil; un peu renversée en arrière, elle tord ses bras suppliants dans une attitude poignante. — Ici encore, nous nous trouvons en présence d'un chef-d'œuvre. Cette conception de la Pitié appartient en propre à l'artiste, et nous ne lui connaissons en peinture aucun antécédent. La pose et le geste y sont empreints de cette grâce douloureuse qui est le signe distinctif des choses de ce siècle, et dont, plus que tout autre, M. Paul Baudry est l'inconscient interprète. Il y a création et trouvaille de type. — Cette autre femme, aux cheveux épars, qui fond sur nous, la torche d'une main et le poignard de l'autre, c'est la Fureur. Elle se précipite en exterminatrice; et des trois filles de Melpomène elle est la plus terrible. Autour d'elle, et flottant au vent d'orage, ses draperies d'un violet pâle forment des flagellements. Il est d'un homme d'esprit de l'avoir voulue blonde.

Le noir et le rouge sont les deux tons dominants et forment le thème de couleur adopté par le peintre dans ce plafond : deux ou trois valeurs de violet servent de transitions et établissent les rapports. Le noir est rarement employé dans la peinture décorative, du moins comme motif principal, et il y avait hardiesse à en vêtir entièrement cette figure de la Pitié sur laquelle s'est concentré l'effort du maître. Il a fallu toute la science de coloriste qui distingue M. Baudry, pour arriver à harmoniser ces deux tons violents, le noir et le rouge, et pour en tirer l'effet juste et puissant qu'on admire dans cette toile ornementale.

3

LA COMÉDIE

Le ciel n'a plus les profondeurs du plafond central : il n'est pas non plus tempétueux et sombre comme dans celui de la Tragédie ; c'est un azur frais, transparent et matinal. Thalie, sans masque, le visage épanoui par le rire et les cheveux dénoués, vient de saisir par un coin de la peau de lion qui le couvre, un misérable satyre précipité dans l'espace. De sa droite, armée de verges, elle va le fustiger sans pitié. Avec quelle joie railleuse elle se penche sur lui dans sa robe blanche, aux plis gracieux, blanche comme la gaieté, la santé, la vertu! La tête est d'une expression extrêmement originale et d'un caractère moderne qui ne laisse pas de doute sur les intentions symboliques du peintre. Cette Thalie, c'est la muse de Molière; elle n'a rien d'antique que le nom. Mais, quoi qu'on en puisse penser, nous croyons qu'à Molière seulement s'arrête la portée de l'allégorie. Cette bonne humeur n'a point de rapport avec la comédie contemporaine, amère et triste.

A la gauche de Thalie, un adolescent, symbolisant l'Esprit, darde une flèche empennée sur le vieux faune, et au-dessus, sur la tête de la Muse, l'Amour, avec ses ailes bleues de papillon, voltige en riant. Telle est, par une imparfaite description du moins, cette composition déjà célèbre de la Comédie. Elle forme le troisième et dernier plafond et fait pendant à celui de la Tragédie : tous deux sont exactement de la même mesure. Comme l'autre est peint dans une tonalité sombre, celui-ci offre le contraste d'une fraîcheur de colorations tendres et gaies. Le bleu et le blanc y dominent, rehaussés par quelques taches d'or semées sur la tunique de la Muse. Toutes les parties nues en sont traitées avec une certitude de dessin et une science du modelé dont on n'a plus à féliciter l'artiste, et, comme dans les deux autres, les figures sont drapées par une main rompue à toutes les noblesses du style.

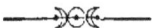

Les esprits paresseux et les critiques qui n'admettent point qu'un peintre élargisse le cercle de ses tentatives sans forcer son génie, feront à ce plafond de la Comédie un succès particulier qui les dispensera d'admirer le reste. On retrouve en effet dans cette charmante toile toutes les qualités de grâce, d'esprit et de fin coloris qui ont assis la réputation de M. Baudry, ce Baudry de la première manière qu'il est de bon ton d'opposer à celui de la seconde. Nous ne voyons pas l'intérêt de ces comparaisons. Les diverses parties d'une œuvre de cette unité ne peuvent, ce nous semble, inspirer que des préférences justifiées par des goûts différents. Encore n'est-ce là qu'une façon de juger un peu trop parisienne. Assurément ce plafond de la Comédie est une pièce excellente, et la plus originale de toutes, si l'on veut; mais n'est-ce pas le même homme qui a signé les autres? Quant à nous, malgré toute l'admiration que cette toile nous inspire, nous ne la séparons point de l'ensemble dont elle fait partie, n'étant point de ceux qui, parce que l'épisode de Didon est un chef-d'œuvre, ne lisent jamais le reste de l'*Énéide*.

IV

LES MUSES

Elles sont d'une interprétation si personnelle, ces Muses du nouvel Opéra; elles portent au front un air de famille si distinctif, qu'il vaut mieux tout de suite les appeler ainsi : les Muses de Baudry, afin d'en définir le caractère original et nouveau, sauf de tous antécédents sinon de toutes traditions, et tellement particulier à l'œuvre même qu'on ne les imagine plus signées d'un autre nom, nées dans un autre temps ou placées dans un autre lieu.

Le jeune maître nous paraît avoir donné, dans ces Muses, l'effort le plus propre à témoigner de l'individualité de l'art français pendant la dernière moitié du xixe siècle. Voilà qui résulte exactement de nos mœurs, de nos idées, de nos malheurs; cela explique notre esthétique et en fixe la date; et si le secret de la durée dans l'art consiste à être de son époque, ces Muses pourraient bien avoir retrempé là leur immortalité. L'esprit moderne anime ces conceptions charmantes, et sa grâce inquiète s'exhale de ces attitudes, de ces ajustements, de ces expressions, en dépit souvent de la volonté créatrice du maître, tout imprégné lui-même de la mélancolie universelle dont nos générations sont atteintes.

1

CLIO

Voici d'abord Clio, muse de l'Histoire, maintenant de la gauche sur son genou abaissé ses tablettes d'airain. La tristesse et le dédain profond se lisent dans ce regard hautain, dans cette lèvre amèrement plissée et relevée aux coins, dans cette expression découragée que lui donne la lecture accoutumée des Annales humaines qu'elle rédige. Une grande noblesse distingue cette Muse entre toutes : c'est l'aînée des sœurs d'Apollon. L'attitude fière et sculpturale, le geste calme et puissant, les plis sévères des draperies que nulle émotion ne dérange et que soulève seul le souffle immortel, et jusqu'à cette moue sibyllique de la bouche qu'accentue encore le port de la tête rejetée en arrière, tout explique l'idée du peintre et tout la vivifie.

L'Histoire rêvée par M. Baudry n'est plus seulement cette éternelle catalogueuse des actions des hommes dont le style se bornait à graver sur l'airain, mais impartialement, les hauts faits et les crimes de tant de générations successives. Conservatrice des traditions où les âges futurs devaient aux âges antiques demander la sagesse et le bonheur, elle semble se lasser de l'inutilité de son rôle. Sa longue trompette pend, inerte, parmi les draperies de sa palla vert émeraude, et glisse de ses doigts sans être retenue. Elle n'a pas de *style :* qu'écrirait-elle en effet qu'elle n'ait consigné mille fois sur ses tablettes? Folies, horreurs, mensonges, et la force primant le droit, n'est-ce pas toujours la même chose, et qu'y a-t-il de changé, depuis Caïn, à sa relation désolée? Aussi comme elle les contemple amèrement ces tablettes que les passions modernes s'arrachent pour y effacer les mots de liberté, de patriotisme et d'humanité! Dans son *Exil des dieux*, le poëte ne l'a-t-il pas accusée, la pauvre Clio, d'être devenue pamphlétaire, et de trahir la vérité au bénéfice du plus offrant et des puissants du jour?

Si c'est tout cela que M. Baudry a voulu exprimer dans cette figure, il a parfaitement réussi, et voici bien la Muse de notre histoire moderne.

2

CALLIOPE

Près de Clio, voici Calliope, sa sœur préférée, Muse de l'Éloquence et de la Poésie héroïque, révélant, elle aussi, dans son attitude, dans son visage à l'expression sévère, dans son regard désolé, les regrets amers et les déchirements de son cœur valeureux dont on devine les battements sous sa tunique, jaune comme les moissons. Sa main droite tient un stylet. A ses pieds gisent, mystérieusement clos dans le scrinium symbolique, les manuscrits divins que peuvent seuls dérouler les peuples qui possèdent la foi.

Sur le rouleau que Calliope tient sur ses genoux, on lisait d'abord un mot, — un seul, — mais plein en son laconisme de cette éloquence dont elle est la muse : ALSACE. Pour des motifs que nous ne comprenons que trop, hélas! l'artiste a cru devoir lui substituer un vers de Virgile, qui est le 200e de l'*Énéide*, et dont le sens prophétique sera facilement entendu par le public français :

O passi graviora, dabit deus his quoque finem.

C'est là un de ces détails caractéristiques

par lesquels M. Baudry a voulu dater son œuvre. Il est peut-être plus patriotique en effet de mettre à cette date une espérance que de la river à une douleur nationale. L'avenir apparaît toujours plus beau que le passé.

3

MELPOMÈNE

De profil aussi, les yeux fixés au sol et droit devant elle, Melpomène, la brune, courbe sa tête superbe. Sur ses abondants cheveux noirs tordus, dont les flots inondent ses épaules, le masque tragique est posé en manière de coiffure; de là cet aspect farouche. Des deux mains elle ramène et soutient son genou, dans une attitude sibyllique; sa main droite se crispe sur la poignée de son poignard, rentré dans la gaîne. Le rouge de la tunique fait valoir la blancheur d'un bras nu, aux lignes sculpturales. Les pieds, chaussés du cothurne violet à bandelettes écarlates, s'appuient sur une nuée et y gravent leur empreinte. Cette Melpomène, ce n'est pas seulement la tragédie, c'est aussi le drame : lady Macbeth et Lucrèce Borgia sont ses filles au même titre que Clytemnestre, et l'on ne sait qui l'oppresse le plus de la fatalité divine ou de la fatalité sociale. Terrible évocation de cette Muse qui n'apporte d'autre dénoûment aux passions humaines que la douleur et le poignard.

4

URANIE

Mais voici la blonde Uranie, Muse de l'Astronomie et des sciences exactes. Elle est assise sur un nuage comme ses sœurs et vêtue d'une tunique bleue comme les profondes nuits d'été; une draperie d'un bleu plus pâle l'entoure, traversée elle-même d'une écharpe constellée; elle lève au ciel sa jeune tête pensive et ses yeux déchiffrent le livre obscur du firmament. De sa droite nonchalante elle laisse échapper sa magique baguette, et de la gauche, accoudée, elle se soutient la joue avec le geste cher aux méditatifs. Une sphère armillaire roule à ses pieds dans ses cercles sidéraux. Quelle constellation la prophétesse suit-elle de ce long regard, et par quels calculs s'arrache-t-elle aux angoisses mortelles? C'est la Muse calme qui rend ses adeptes heureux, car elle leur donne la certitude.

5

EUTERPE

Protectrice de la Poésie lyrique, en qui s'unissent la Musique et l'Art des vers, Euterpe devrait tenir la première place entre ses rivales, car c'est la déesse du lieu, et l'Opéra ne vit que de son inspiration. Tête charmante, sous son bandeau vert, et dans laquelle on retrouve encore le type de cette famille d'Apollon créé par le maître moderne. Le monde sonore, son domaine, l'enveloppe d'une atmosphère indécise, et l'on sent à l'attention anxieuse qu'elle met à écouter ses murmures, que la double flûte maintenue par sa main gauche ne va bientôt plus lui suffire à les formuler. Sa robe, couleur des violettes de Parme, emblème des suaves et fraîches mélodies, se conforme aux hardis contours de ses jambes croisées et sert en même temps de fond au pur modelé de son bras d'albâtre, replié sous le genou.

Qui ne l'aimerait cette chaste Muse, en qui se confondent les adorations des peuples et des rois, et qui n'a jamais inspiré que la concorde et la paix? Elle est la bienvenue dans ce temple élevé à son culte, la Muse triomphante, la plus jeune d'immortalité.

6

THALIE

Mais qui est celle-ci, si fine et si railleuse sous sa coiffure écarlate et dans sa robe aux tons bruyants? Salut à Thalie, la muse comique! Le jaune, le noir et le rouge, couleurs d'Arlequin lui-même, se disputent la prédominance en ce vêtement de carnaval, sans compter le violet des brodequins qui chaussent ses pieds d'enfant! Est-ce dans cette tenue qu'on descend du Parnasse? Oh! comme la malice brille dans ces regards noirs, comme la gaieté tend l'arc de ces lèvres rieuses! Qu'observe-t-elle ainsi, le visage à demi tourné et du coin de l'œil?

Est-ce vous? Est-ce moi? Qu'ai-je donc de ridicule? D'être homme sans doute! Mais au bout de cette main droite qui passe sous l'étoffe, voilà un formidable bâton, noueux et recourbé! c'est le pedum, son attribut, c'est le bâton de Scapin. Est-ce avec cela qu'elle châtie les mœurs? Elle est accoudée, elle aussi, et sa joue repose sur les deux doigts de sa fine main gauche! car elle a perdu son masque, autre attribut. Certes, à quoi bon ce masque? Le maître peintre a bien raison. La comédie moderne n'en porte plus, et c'est à visage découvert qu'elle assène ses coups les plus retentissants. Cette fois, Muse de la la Comédie, rieuse Thalie, vous voilà naturalisée française.

7

TERPSICHORE

Blanche sur ce fond d'or à trames d'arabesques sur lequel elles ressortent toutes, cette autre Muse nous appparaît avec un sourire. Rien ne se peut rêver de plus délicieux que cette création de la Terpsichore. Elle suffirait à placer l'artiste au niveau des plus heureux maîtres et à justifier le surnom de Corrége français. Avec ses cheveux blonds, à l'aventure et sans liens, elle se présente à nous dans sa tunique blanche, nouée par un simple liséré noir; mais comment rendre le gracieux fouillis de ces plis, où l'invention le dispute au naturel et à la légèreté? Penchée en avant, la tête un peu de trois quarts et souriant à quelque jeune dieu invisible, elle rattache de la droite son brodequin rose, suspendu à l'orteil. Le bras gauche, dans un raccourci superbe, supporte une lyre, vue de profil et perdue dans le cadre. Les yeux doués pour la perception du beau n'oublieront plus cette Terpsichore une fois qu'ils l'auront vue. Constatons encore cette préoccupation moderne qui a si bien inspiré le jeune maître. Cette Muse de la Danse, modèle achevé de charme spirituel, est certainement éclose dans le cerveau d'un homme imbu des élégances spiritualistes de son temps, et cependant nul Grec ne la renierait, et nous ne voyons à aucune époque aucun peintre qui n'eût été heureux de la signer.

8

ÉRATO

Le penchant d'un chef-d'œuvre est un objet rare ; M. Baudry a eu la suprême chance de le rencontrer : c'est Érato, Muse de la Poésie amoureuse. Elle est représentée sous les traits d'une jeune fille qui cache dans sa poitrine le premier billet doux. Ramassée sur elle-même, elle tient de la main gauche ce billet déroulé à la hauteur de son menton qu'il masque à demi, le bras enveloppé dans une draperie rose, aux tons d'aurore. L'autre bras se replie, un stylet à la main; les pieds s'entre-croisent et se pressent sous les derniers plis d'une tunique d'azur aux franges dorées. La tête blonde, s'offre de trois quarts, les cheveux encerclés d'un ruban vert orné d'une broche de perles, et ses yeux bleus sont avivés d'une expression à la fois si coquette et si naïve, que toute notre poésie contemporaine s'en trouve définie.

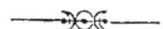

L'ampleur des draperies, la magie du coloris, la sûreté du dessin dans les parties nues, la hardiesse des raccourcis, la science profonde de l'effet décoratif et le goût exceptionnel qui a présidé à ces études, en font des morceaux d'élite dans notre art national, et dignes de ce que nous avons de plus admiré. Le goût, surtout, cette qualité toute française, qui fait de notre peuple l'unique héritier de la Grèce, et que l'artiste dont nous parlons pousse jusqu'au génie, voilà ce qui nous a frappé dans ces huit fragments de son œuvre colossale.

Certes, il est aisé de reconnaître dans la main qui les a traités l'aisance conquise à la familiarité des maîtres; Raphaël ni Michel-Ange ne pourraient pas eux-mêmes renier leur influence dans la recherche du grand dont M. Baudry a été tourmenté. Le puissant copiste des fresques de la Sixtine s'est évidemment approprié le plus qu'il a pu de ces visions surhumaines qu'il a eues si longtemps devant les yeux : qui songerait à s'en plaindre, si son idéal a gardé les proportions des grands rêves de l'art? Mais là où sa personnalité éclate, c'est dans cette interprétation si individuelle de types tant de fois réalisés par toutes les écoles et un peu banalisés par l'abus de la mythologie dans la décoration. Il y avait un sérieux écueil, dans une pareille donnée, et la façon dont M. Baudry l'a évité est sans contredit ce qui doit être le plus précisément signalé à la foule.

L'Opéra de M. Garnier, œuvre singulièrement originale, qui restera comme l'expression architecturale de ce siècle — imposait à ses décorateurs, quels qu'ils fussent, ses qualités et ses défauts mêmes et comme une concordance de visées. M. Baudry l'a parfaitement compris.

Dès l'instant où l'architecte créait un art nouveau, il fallait entrer dans l'idée générique de l'architecte et renouveler parallèlement les ressources de son art; le talent consistait surtout à concourir à l'homogénéité de l'ensemble. Voilà pourquoi, sans rien sacrifier de sa personnalité propre, M. Baudry s'est attaché à nous donner des Muses que nous puissions reconnaître. Tout en réservant les nécessités de ce qui est éternel dans le beau, il a créé ces visages expressifs et charmants, qui n'ont de grec que la pureté de formes, fleurs de tout ce que nous aimons, et dans lesquels chacun reconnaît le type de grâce, de distinction et de finesse qui lui est idéal et familier, ce qui vaut mieux que d'y retrouver les attributs traditionnels.

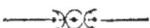

Ces divinités-là n'auront pas un athée, car elles sont vivantes de notre vie, et dans chacune des expressions qui les distinguent, notre âge retrouve une de ses joies ou une de ses tristesses. Notre Histoire a cette amertume; notre Danse, cet esprit; c'est bien ainsi que rit notre Comédie, que pleurent nos Poëtes lyriques ou dramatiques et que la Science dresse au vent son oreille inquiète. Il n'est pas jusqu'à cette bizarre particularité du manque d'emplacement qui a contraint l'artiste à supprimer la Polymnie, Muse de la Philosophie, qui ne date cette œuvre typique. La Sagesse, en effet, n'est-ce pas la seule de ces filles du Pinde qui ne soit pas venue jusqu'à nous? N'ayant pas de dévots, pourquoi aurait-elle un autel, surtout à l'Opéra? dirait M. Baudry lui-même.

V

LES GRANDES VOUSSURES

Parmi les douze voussures dans lesquelles se développe la composition décorative du nouvel Opéra, il en est deux plus spécialement importantes, non-seulement par leurs dimensions, mais aussi par l'intérêt poétique que le peintre y a concentré. Elles semblent comme des résumés de ses idées et la philosophie de son œuvre y est écrite en deux abrégés synoptiques qu'il importe d'étudier tout d'abord. La première est le *Parnasse* ; la seconde a pour titre, sur le livret de M. About, les *Poëtes*.

Chacune de ces toiles mesure à peu près 10 mètres de longueur et compte environ trente figures.

1

LE PARNASSE

Apollon vient d'aborder au Parnasse. Au centre de la toile son char d'or, tourné vers le fond et dont on n'aperçoit que l'arrière, s'arrête. Des jeunes filles vêtues de rose, en lesquelles se personnifient les Heures, retiennent par leurs mors écumants ses chevaux qui se cabrent et elles s'apprêtent à les dételer. Le dieu immortellement jeune met pied à terre sur le mont sacré qu'habitent les Muses. D'abord les Charites lui présentent respectueusement la lyre d'or et le plectre, son archet, dont il est le maître incontesté. Ce groupe des Grâces est charmant. Aussi est-ce avec un sourire et un geste à la fois noble et bienveillant qu'il accueille cette lyre tendue par les charmeresses entrelacées. Au-dessus d'elles et de lui, l'Amour voltige, et par sa présence il semble symboliser l'idée philosophique dont M. Paul Baudry est évidemment préoccupé. Avec la plupart des penseurs modernes, le peintre attribue à la musique un rôle spécialement voluptueux. Sans aller jusqu'à dire, avec quelques docteurs rigides, que la décadence d'un peuple marche en raison directe des progrès de la musique, il nous laisse entendre cependant que de tous les arts celui qui parle le plus aux sens et le moins à l'âme, c'est l'art musical. De là l'importance de la place qu'occupe Éros dans ce Parnasse et surtout dans le groupe en question.

Autour d'Apollon, les filles de Mémoire forment des groupes divers, savamment distribués, et s'étagent à tous les plans avec les attributs qui les distinguent. A sa droite, voici d'abord la sévère Clio, à demi masquée par Melpomène. Clio est vêtue d'une tunique verte et porte sa trompette appuyée sur le bras gauche; elle appelle dans le Parnasse les dieux mortels de la musique : Gluck, Beethoven, Haydn, Lulli et Rameau, que l'on aperçoit en contre-bas, sur le premier plan, groupés derrière Mozart et vêtus des costumes de leur époque. Cette mission d'introductrice convient bien à l'Histoire, et c'est à elle que revient l'honneur de faire franchir à ces génies la faible distance qui les sépare de la divinité. Melpomène se présente de dos, habillée d'une longue robe rouge qu'enserre une cuirasse de fer; son masque, posé sur ses cheveux, noirs comme les flots de l'Érèbe, lui sert de coiffure : elle a le poing sur la hanche, et appuyée sur la massue d'Hercule elle regarde Apollon descendre de son char ensoleillé et relie ainsi au motif principal toute cette partie de la composition. Entre elle et Clio, assise sur un tertre, Érato, muse de la poésie lyrique, échange avec le divin Wolfgang, qui se hausse jusqu'à elle, les secrets mystérieux de la musique amoureuse. Un peu à l'arrière, Mercure, nu et debout, tire de l'ombre mortelle le groupe glorieux de nos compositeurs contemporains les plus renommés, Rossini, Meyerbeer, Hérold, Méhul, Boïeldieu, Auber et Halévy.

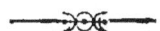

Nous ne chicanerons pas M. Baudry sur le choix des musiciens qu'il introduit dans son Parnasse, quoiqu'on puisse s'étonner de ne pas voir Bellini, Donizetti, Spontini, Weber, et Berlioz figurer dans un élysée où l'on remarque Boïeldieu. Les fastes de l'opéra protestent un peu contre de telles éliminations que justifie seul le goût personnel du décorateur. Constatons seulement que pas un poëte n'étant admis à la déification, il résulte de cette absence, évidemment voulue, que le Parnasse de M. Baudry est un Parnasse musical exclusivement, et qu'il faut le prendre pour tel dans l'ensemble de l'œuvre. A notre sens, il y a ici une lacune dans le développement du programme, si nettement posé par le grand plafond central. Lulli appelait Quinault dont il est inséparable, et Meyerbeer ne se rêve point sans Eugène Scribe, auteur des *Huguenots,* le poëme-type de l'opéra. D'ailleurs, à l'origine, et comme on peut le voir dans l'article de Théophile Gautier que nous reproduisons en tête de cette étude,

M. Baudry avait représenté un groupe de poëtes au lieu des maîtres de la musique, Gœthe, Byron, Lamartine, Alfred de Musset, Victor Hugo et Théophile Gautier lui-même. Nous regrettons pour notre part le sentiment, quel qu'il soit, qui a poussé l'artiste à les supprimer de son œuvre; les grands poëtes créateurs sont plus haut dans l'échelle de l'intelligence humaine que les musiciens; c'était aussi, croyons-nous, la pensée du peintre qui a dû sacrifier ses idées aux exigences du lieu.

La droite de la composition est occupée par les six autres muses, en deux groupes. Le premier et le plus proche d'Apollon nous montre Thalie et Calliope, enlacées l'une à l'autre et mêlant en une douce harmonie les tons discrets de leurs robes aux longs plis. Celle-ci, penchée sur l'épaule de sa sœur, regarde le spectateur; celle-là, son pedum et son masque à la main, se tourne, comme Melpomène, vers le jeune dieu étincelant et semble admirer sa beauté.

Au-dessous d'elles, vêtue d'une légère tunique rose, Euterpe s'incline joyeusement vers Terpsichore et Uranie, toutes deux assises au premier plan, et elle tend sa double flûte comme pour leur signaler la venue de leur frère. Terpsichore se présente de dos en robe verte, et sur le geste d'Euterpe elle se retourne vers le char du dieu en soulevant ses cheveux par un mouvement coquet. Uranie, habillée d'un peplum rose, abaisse ses yeux rêveurs du firmament, et se lève du sol où elle était assise, dès qu'elle aperçoit Apollon. Appuyée à l'écart, au tronc d'un arbre, la solitaire Polymnie se drape dans une étoffe violette et contemple la scène sur laquelle elle médite. Derrière Uranie, discrètement dissimulés dans l'angle de la toile et en contre-bas, trois spectateurs, vus à mi-corps, assistent incognito à l'évocation allégorique, et cherchent à surprendre les mystères de la beauté. Ces trois personnages contemporains offrent la parfaite ressemblance, le premier de M. Garnier, l'architecte du nouvel Opéra, le second de M. Paul Baudry lui-même, et le dernier de M. Ambroise Baudry, son frère. C'est la triple signature de l'œuvre.

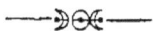

Mais nous serions impardonnable d'oublier le premier plan de la composition où brille du plus pur éclat artistique l'une des perles de ce riche écrin : nous voulons parler de l'Hippocrène. Cette fontaine sacrée, née, dit la Fable, du premier coup de sabot dont Pégase frappa les cimes du Parnasse, est ici symbolisée par une nymphe couchée parmi les roseaux et accoudée sur l'urne classique d'où s'épanchent les eaux claires d'une source. La nappe de cette source déborde le devant du tableau ; un cygne s'y ébat entre les bras d'un enfant joueur, penché sur le spectateur et lui souriant. Un autre enfant emplit sa coupe à l'urne même, et plusieurs autres encore, épars autour de cette nymphe charmante, tressent des feuilles de laurier en couronnes, ramassent le sable d'or et se divertissent de plusieurs façons naïves. En dehors même du rôle qu'il joue dans l'ensemble, c'est un morceau achevé que ce groupe : nous ne croyons pas que l'art décoratif possède une page plus exquise.

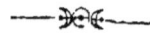

Le lecteur ne peut évidemment se rendre compte que très-imparfaitement, sur une simple description, des mérites d'une pareille toile. Le critique, en aucun cas, ne peut se substituer au peintre, et il doit supposer qu'il s'adresse à des personnes ayant sous les yeux ce dont il traite. Aussi est-ce à celles-là que nous vanterons l'ordonnance vraiment magistrale de l'œuvre, sa composition si claire à la fois et si ingénieuse, et les douceurs de sa coloration générale. L'artiste, dans cette voussure et, remarquons-le tout de suite, dans toutes les autres voussures, n'a pas poussé aussi loin que dans les plafonds l'éclat des tons et la vigueur des effets; il avait pour cela plusieurs raisons, dont la plus aisée à expliquer sommairement est celle-ci, que les plafonds doivent être placés plus haut que les voussures et, par conséquent, plus loin de l'œil du spectateur.

L'architecture de la salle imposait au peintre les mêmes lois d'optique pour sa couleur que pour son dessin. L'unité dans la coloration étant la plus grande difficulté peut-être qu'un artiste ait à vaincre dans les travaux décoratifs et surtout dans ceux d'une salle entière avec ses plans multiples, ses courbes, ses profilements, son ornementation architecturale et les mille problèmes de perspective qu'elle offre aux yeux, M. Baudry ne pouvait obtenir cette unité qu'en soumettant les fleurs de sa palette aux calculs géométriques auxquels avait déjà obéi son dessin. Aucune partie de l'œuvre ne devait éteindre l'autre, et toutes, harmonisées selon leurs plans, devaient concourir à envelopper le spectateur d'une atmosphère de tons parfaitement fondus, où rien ne fuirait au regard, et qui maintiendrait l'illusion décorative.

2

LES POËTES

Dans cette autre voussure immense, et qui forme pendant à la précédente par la dimension et le sujet, l'artiste a voulu symboliser les origines de la civilisation, due certainement à ces ouvriers inspirés du Verbe, qu'on nomme les poëtes et dont Homère est accepté pour le prototype. C'est en effet autour d'Homère qu'ils sont groupés en une sorte d'apothéose à laquelle les degrés d'un temple en construction servent de lieu et de prétexte.

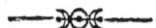

Abrité par les ailes d'azur de la Poésie, jeune divinité souriante, dont la robe violette plane à la cime de la composition et la couronne, le vieux rapsode est debout, un sceptre d'or à la main; son vêtement blanc fixe de sa tache le centre du tableau. Il est debout, comme un chêne robuste, et autour de lui s'étage la forêt des génies née de ce tronc puissant. A sa droite est Hésiode, le poëte des laboureurs. A sa gauche, le divin Orphée, le plus grand civilisateur des jours antiques. C'est autour d'eux que les groupes se développent.

Devant Homère, et encadrant jusqu'au bord de la toile l'espace respectueusement ouvert à ses pas, divers personnages s'échelonnent : à droite d'abord le blond Pindare, vêtu de bleu; il se tourne vers le divin aveugle et le contemple. L'un des athlètes vainqueurs de l'arène, qu'il a immortalisé dans ses hymnes, le sépare de Polyclète, drapé de violet, et portant sur le bras une esquisse de Minerve. Le sculpteur, lui aussi, est tourné vers Homère et semble lui rendre hommage. L'athlète emporte sur l'épaule le trépied, prix de sa victoire. Enfin Achille, resplendissant dans son armure, les jambes couvertes de ses cnémides d'or, la tête levée et respirant l'enthousiasme des combats héroïques, marche vers le spectateur, l'épée nue dans la main droite et des javelines dans la gauche. A la droite d'Homère, le peintre Polygnote, vêtu de vert et tenant une palette pour attribut, dirige sa tête féminine et charmante vers Homère; puis Platon, en tunique rouge, pose le pied sur une des marches de son trône apothéotique, et Jason se dissimule derrière le philosophe; un cheval, retenu par un gymnaste nu, se cabre sous le poids d'un autre vainqueur pindarique, retourné violemment vers Homère et agitant sa palme triomphale.

Le groupe d'Hésiode se compose d'abord du poëte lui-même, debout sur les degrés de l'édifice et indiquant la terre et ses plaines à trois laboureurs placés devant lui. Amphion, le bâtisseur de villes, apparaît derrière Hésiode, vêtu d'une chlamyde blanche. Les laboureurs sont occupés à réduire au joug de la charrue un bœuf, dont on aperçoit la croupe vigoureuse; et tandis qu'un mineur se repose, les jambes croisées et le bras ramené sur son pic, un architecte, vieux et pensif, mesure à l'équerre le bloc de marbre attendu, que ce mineur, sans doute, vient d'arracher aux profondeurs du sol.

Orphée, vêtu, lui aussi, d'une tunique blanche et sa lyre céleste dans les mains, se dirige, parmi les fauves couchés à ses pieds, vers les hommes primitifs, plus féroces que les bêtes, dont le groupe emplit la partie droite de la toile. Le civilisateur s'avance des fonds limpides du tableau, et le ciel lui fait une auréole printanière de clartés sereines. Sur sa lyre qu'il sollicite, en proie aux douces influences, une colombe s'est posée fascinée, et, de tous les côtés, des forêts sombres et des cavernes ténébreuses, les rudes chasseurs, vêtus de peaux de bêtes, sortent à sa voix et croient assister à une apparition. Une femme en train d'allaiter son enfant dresse l'oreille, inquiète de ce bruit nouveau qui la pénètre et dont elle se sent déjà toute charmée et attendrie; un jeune garçon se dirige curieusement vers l'entrée de la caverne, et un vieillard, occupé à réchauffer aux flammes du foyer ses membres usés et anguleux, se dresse sur les genoux pour voir passer le dompteur d'hommes. Les hommes mûrs ont saisi leurs armes rustiques et s'apprêtent à se défendre.

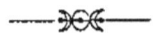

Telle est cette toile magistrale, la plus importante de l'œuvre de M. Baudry. L'artiste y a dépensé une somme d'efforts, de patience et de talent qui arrache l'admiration. Depuis de longues années, l'École française n'avait rien produit d'aussi imposant dans ce qu'on appelle « la grande peinture ». Les esprits rebelles à toute manifestation d'art nouvelle et durs aux vivants se donneront la facile joie d'opposer à cette *Apothéose* une autre *Apothéose d'Homère,* qu'ils n'ont point cependant acceptée tout de suite pour un chef-d'œuvre, mais à laquelle la mort de son auteur a fait une consécration inattaquable depuis lors.

Vaines comparaisons dont ne ressort aucun enseignement profitable. La personnalité artistique du peintre de l'Opéra est aussi distinctement écrite sur cette *Toile des Poëtes* que celle de M. Ingres l'est dans l'*Apothéose d'Homère*. Si l'un l'emporte en sévérité de style et en grandeur, l'autre ne lui laisse rien en charme, en pureté de formes et en coloris. Chacune des deux œuvres vaut par des mérites divers et toutes deux sont peintes à l'honneur éternel du pays.

VI

LES PETITES VOUSSURES

―――

Les dix voussures qu'il nous reste à étudier sont de dimension moins considérable que les deux précédentes : *les Poëtes* et *le Parnasse*; elles n'en mesurent pas moins cependant chacune 4^m,35 de longueur sur 3^m,90 de hauteur, soit les proportions des plus vastes tableaux exposés à nos Salons annuels. Ce sont des tableaux très-divers par les sujets traités et les recherches, mais que relie parfaitement entre eux la même idée décorative; un seul tronc nourrit toutes ces branches, et la même sève les fleurit. — De ces dix voussures, trois sont consacrées à la Danse, et tirées de son histoire ou de sa légende : Salomé, Orphée et les Ménades, Jupiter et les Corybantes; cinq autres ont pour objet la Musique et caractérisent ses différentes expressions : l'Assaut, les Bergers, Saül et David, le Rêve de Sainte-Cécile, Orphée et Eurydice. Les deux dernières semblent, au premier abord, isolées du plan général; mais, dès qu'on a pénétré dans l'œuvre un peu profondément, on comprend qu'elles s'y rattachent au contraire et y tiennent par un fil puissant, savamment noué : nous voulons parler du *Jugement de Pâris* et de *Marsyas*.

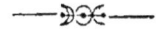

1

LE JUGEMENT DE PARIS

C'est là un de ces sujets dont la peinture n'est pas encore rassasiée depuis tant de siècles. Il semble imaginé pour féconder éternellement le génie. Pas un maître n'a échappé à la tentation de ce motif charmant, qui se prête à toutes les recherches de forme et à tous les idéaux de beauté, et c'est le cas de dire avec le poëte que nul ne l'a tenté qui ne soit resté plus grand. Que M. Baudry ait été séduit par lui comme les autres, rien de plus naturel ; mais l'excuse, ici, ne serait point suffisante ; il s'agit de savoir si le thème est à sa place et ce qu'il apporte à l'ensemble d'une décoration où tout est mesuré et combiné pour l'effet général. Nous avons déjà signalé au lecteur cette tendance de l'esprit méditatif de M. Baudry à réduire le rôle de la musique moderne à la seule expression de l'amour. Pour lui, les arts réunis par l'Opéra ne sortent point du domaine des sensations, et le véritable dieu du temple construit par M. Garnier, c'est Éros au carquois d'argent. Le triomphe de la beauté féminine résume nettement cette pensée, et voilà pourquoi nous en trouvons la représentation dans l'œuvre très-raisonnée de l'artiste.

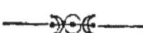

Le paysage est montagneux et verdoyant, une des vallées du mont Ida. A gauche, Pâris, vêtu du costume rustique des bergers phrygiens, sayon de laine, braies azurées lacées sur le genou, coiffé du bonnet phrygien, est assis sur une roche, son lévrier auprès de lui. Sa pose est familière; il a les jambes croisées et le menton appuyé sur la main, et il assiste à cette triple révélation de beautés surhumaines dont il est appelé, simple mortel, à décider. Mercure est debout derrière lui, coiffé du pétase, son caducée dans la main droite, le pied posé sur le même rocher. Au centre du tableau, Vénus, nue et vue de trois quarts, se penche vers son juge et lui sourit : c'est dans ses yeux qu'elle a lu son triomphe. Elle a les cheveux tressés en diadème, le bras gauche ramené sur la poitrine, dans un geste purement voluptueux, et de la droite elle tient la main d'Éros, dont le corps, vu de dos, les ailes entr'ouvertes et la tête frisée masquent à demi les jambes de la déesse. Au-dessus de Vénus, la Renommée accourt du fond de l'Olympe déposer une couronne sur le front de l'élue de Pâris. A droite Minerve, vue de face, rajuste ses vêtements tombés sans témoigner d'autre mécontentement que celui de s'être dévoilée; devant elle, l'irascible Junon se présente de dos au spectateur : le paon symbolique étale à ses pieds les splendeurs de son plumage ouvert en éventail. La déesse, avant de remonter dans l'Olympe, se retourne furieuse, et, du bras étendu, elle menace de sa vengeance le fils imprudent du vieux Priam.

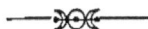

Composition de la scène, choix des formes antagonistes, expressions des visages, grâce idéale des types, sans compter l'exécution dans laquelle l'artiste s'est surpassé lui-même, tout ici est remarquable. Mais le groupe central est admirable. La beauté de cette Vénus restera comme une création particulière d'un génie très-moderne et influencé par le goût propre de sa nation; c'est la beauté parfaite, mais avec ce je ne sais quoi de spirituel, de fin et de charmeur que notre civilisation avancée ajoute à notre idéal de la femme. Ni un Italien, ni un Flamand, ni un Espagnol, ne l'auraient conçue de la sorte. Les séductions de l'esprit s'ajoutent en elle aux séductions du corps. C'est la Vénus de France.

2

MARSYAS

Personne n'ignore que, selon la légende antique, Marsyas fut un fidèle amant de la bonne déesse Cybèle. Il célébrait sur la flûte les eaux, la terre et les bois, et il ne voyait rien au delà des phénomènes naturels. C'était ce que nous appellerions aujourd'hui un réaliste. Son talent sur la flûte était si consommé qu'on lui attribue des prodiges, entre autres celui d'avoir sauvé son pays d'une invasion en déterminant devant l'ennemi un débordement des eaux qui l'avait contraint de se retirer. Dans un voyage qu'il fit à la suite de Cybèle, il rencontra Apollon, le dieu porte-lyre, l'idéaliste par excellence, et il le défia. L'issue du combat ne pouvait être douteuse. Marsyas vaincu fut écorché vif par les ordres du dieu et selon une convention préalablement consentie. De sa peau, dit la Fable, on fit une outre qu'on suspendit dans le temple de sa ville natale. Quand on jouait de la flûte auprès d'elle, cette outre s'agitait d'elle-même et dansait : il n'en était pas de même quand on jouait de la lyre.

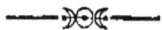

Cette fable curieuse, née des dissentiments musicaux de l'Orient avec l'Occident, a fourni à M. Baudry un tableau dont nous ne sommes pas très-assuré d'avoir saisi le symbole. Il n'est guère probable que l'intention de l'artiste soit de prendre parti dans cette question du réalisme, qui ne repose que sur un mot; d'ailleurs la musique n'est ni réaliste ni idéaliste, et il ne s'agit que de musique à l'Opéra. L'idée résiste-t-elle en ceci, que le vrai talent l'emporte toujours sur le faux? Mais ce Marsyas ne fut pas le premier musicien venu, et pour lutter avec Apollon il faut déjà justifier d'une belle force. La légende d'ailleurs avoue que le dieu, tout dieu qu'il était, ne l'emporte sur le mortel qu'en ajoutant aux harmonies de sa lyre la mélodie de la voix humaine. Peut-être est-ce là ce que M. Baudry a voulu nous faire remarquer, et certainement l'observation n'est pas déplacée à l'Opéra, puisque le concert du chant et de la musique instrumentale constitue l'art qu'on y exerce. Mais ne pourrait-on voir dans ce supplice de Marsyas une allégorie plus noble, quoique moins précise sans doute? Ce pauvre artiste, écorché par les ordres d'un dieu, ne représente-t-il pas bien le génie aux audaces généreuses, tentant de parvenir au faîte de son art et de rivaliser avec l'idéal? Hélas! tout le torture et tout le supplicie, et il meurt attaché à son rêve, comme le joueur de flûte au poteau. N'est-ce pas précisément le sort du grand musicien, et surtout du compositeur d'opéras? Nous demandons donc au lecteur, et s'il le faut à M. Baudry lui-même, la permission de nous en tenir à cette interprétation du tableau en question.

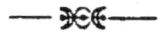

Marsyas est représenté au moment où Apollon ordonne de commencer son supplice. Noué par les pieds et les mains à un tronc d'arbre, il est nu, et le corps se développe par plans anatomiques qui donnent lieu à une savante recherche de modelé. Deux Scythes, ses bourreaux, sont autour de lui, l'un à droite, agenouillé et vu de profil, aiguise un couteau sur une pierre; l'autre, également un genou en terre, se présente de face; d'une main, il resserre la corde qui lie Marsyas, et de la droite il tient un couteau affilé. A gauche de la toile, Apollon, debout, se profile en une grande ligne presque droite que coupe à angle droit son bras étendu pour ordonner le supplice. Une draperie orange tourne autour de ses reins et retombe sur la lyre victorieuse qu'il soutient de la main gauche. Un autre personnage, à demi perdu dans le bord de la toile, lève sur la tête du dieu une couronne d'or. Au fond, une vallée traversée d'une rivière et bordée par des coteaux que le soleil inonde de lumière.

LES PETITES VOUSSURES.

Cette composition ne doit pas seulement à l'absence de tout personnage féminin qui le caractérise, son aspect mâle et son charme sévère. L'effet en est cherché dans une opposition savante de deux corps d'hommes : l'un exact et étudié muscle à muscle devant le modèle, l'autre idéalisé par un travail de simplification qui arrive jusqu'au résumé de la forme. D'ailleurs l'attitude du dieu est fort belle et son geste à la fois noble et irrévocable ne laisse aucun doute sur sa victoire ; c'est bien celui d'un maître sans rival ; la conscience de sa supériorité s'y mêle à la colère d'avoir été défié, et tout le corps vibre d'indignation.

3

SALOMÉ

Ainsi que nous l'avons dit plus haut, trois voussures sont consacrées à la danse, l'un des arts souverains de l'opéra. Fidèle au plan qu'il s'était tracé, l'artiste en a cherché les sujets allégoriques dans les deux livres éternels des théogonies humaines : la mythologie et la Bible; et, pour synthétiser la chorégraphie moderne, il y a d'abord trouvé Salomé.

La scène se déroule dans une magnifique salle de festin, soutenue par des colonnes torses de porphyre et de jaspe. De hautes cassolettes, des amphores, des lampadaires

richement ouvragés, des tentures de la Perse
et des trépieds où fument les parfums, meu-
blent ce triclinium. Hérode est étendu sur
son lit de repos, accoudé nonchalamment, la
toge de pourpre nouée à l'épaule par une
agrafe de diamant. Hérodiade est auprès de
lui ; sur ses cheveux blonds un diadème d'or
et de perles est posé. Elle tend à un esclave
qu'on aperçoit dans l'ombre des tentures, le
plat sur lequel on lui rapportera la tête du
précurseur, et son profil perdu est éclairé par
un jour frisant, venu d'une cour intérieure
dont les colonnades ensoleillées découpent la
gauche du tableau. Une esclave brune est
assise aux pieds du tétrarque de Judée, sa
robe olive laisse apercevoir une tunique bleue.
Cette esclave joue sur la cithare l'air qui
rhythme les pas de Salomé. Celle-ci, à demi
vêtue d'une gaze transparente, est debout sur
les pointes, dans la pose allongée des dan-

seuses. Elle se contourne comme un serpent pour fasciner le vieillard, et, vue de dos, lance par-dessus l'épaule un coup d'œil chargé de langueur au spectateur. Deux tresses blondes lui tombent jusqu'aux reins et, dans le mouvement, volent avec l'étoffe de Cos : de ses bras levés et arrondis au-dessus de la tête, elle agite ses crotales ou castagnettes, et ses pieds entre-croisés dessinent sur les dalles en mosaïque leurs cercles enchanteurs que suit avec hébétement l'œil du vieil Hérode ensorcelé.

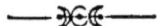

Nous admirons moins que le reste ce personnage du tétrarque et nous n'en aimons guère, disons-le franchement, la tête un peu commune et sans grand caractère. Mais quelle compensation nous offre le peintre par cette Salomé, d'une conception si hardie qu'on en reste troublé d'abord comme de toute chose nouvelle! Puis, dès que les regards en ont appris l'image et s'y sont familiarisés, on reste étonné de ne pouvoir l'oublier et l'on se surprend longtemps encore après comme obsédé de sa vision charmeresse. Nous ne croyons pas que les séductions de la Danse aient jamais été mieux réalisées et définies. Mais, seul déjà, le choix du motif suffirait seul à dater l'ouvrage, car la crise physiologique que traverse notre âge tourmenté ne pouvait trouver une expression plus vraie que cette jeune fille impudique et cruelle, captant par ses poses voluptueuses l'esprit affaibli d'un vieillard.

4

ORPHÉE ET LES MÉNADES

Dans cette toile, ainsi que dans la suivante, le peintre restitue à la Danse le caractère dramatique et terrible que lui attribuaient les religions antiques. C'était alors un mode d'exaltation fort en usage et que, de notre temps encore, les Orientaux sont loin d'avoir abandonné. On retrouverait aisément ces traditions de surexcitations religieuses dans la danse des derviches tourneurs, les frénétiques cérémonies des Aiassouas, et en général chez tous les peuples préoccupés de l'idée infernale et de la divinité malfaisante. Le christianisme seul a proscrit la danse de ses moyens de culte et il l'a abandonnée aux services profanes par qui elle est devenue un art au profit de la grâce et de la beauté physique.

———⁂———

Depuis la perte irrémédiable d'Eurydice, Orphée avait juré de ne plus chanter aucune femme. Les Bacchantes ont eu connaissance de ce serment funeste et elles ont décidé de venger leur sexe outragé. Dans une de leurs chasses furieuses sur les monts de Thrace, elles viennent de rencontrer le poëte-musicien. Elles abandonnent aussitôt les daims et les chevreuils qu'elles poursuivaient et que l'on voit s'enfuir dans les fonds du tableau, et elles se ruent sur leur détracteur. Orphée est étendu tout de son long au premier plan : il est dépouillé de ses vêtements et sa lyre gît auprès de lui. L'une des Ménades lui enfonce ses ongles dans le cou et dans le visage, avec tous les signes de la férocité, et s'apprête à le déchirer de sa serpe qu'elle brandit. Deux autres le tirent par une corde et l'entraînent sur les bords du fleuve qui doit rouler sa tête décapitée. Les autres dansent autour de lui, frappant des tambourins et hurlant des hymnes bachiques ; on en voit accourir quelques-unes, leurs frondes et leurs arcs dans les mains. Toute cette scène est exécutée avec une verve admirable. Ces corps de Bacchantes agitées en tous sens par les rhythmes sauvages, ces étoffes qui flottent flagellées par le vent et soulevées par la course, cette chasse qui passe au fond et ces diverses expressions de femmes en délire autour du corps blanc du jeune homme divin, tout cela forme un tableau saisissant et qui montre une des faces les plus intéressantes du talent multiple de M. Baudry. Le charme ordinaire de ses compositions s'appuie ici d'un sens dramatique que les autres parties de son œuvre décorative, avec leur style calme et leur grâce, ne laissaient point soupçonner. Mais les peintres remarqueront la douceur exquise de ce fond vert, formé par les feuillages et les gazons du paysage dont la fraîcheur contraste avec l'action furieuse qui s'y déroule; le regard a peine à s'arracher à cette harmonie qu'exalte encore et rehausse l'or étincelant de l'encadrement.

5

JUPITER ET LES CORYBANTES

C'est le pendant du tableau précédent. Le berceau de l'enfant occupe le centre de la toile; lui-même, maintenu sur les genoux d'une jeune prêtresse souriante, se débat et crie, la tête renversée. Dans l'angle droit on aperçoit la chèvre Amalthée, sa nourrice. Une autre jeune Idéenne assise, son tambourin à la main, regarde la scène, tandis qu'un vieux Corybante, debout et nu, et auquel une ombre portée fait comme un masque sur le visage, cingle de toutes ses forces des cymbales l'une contre l'autre, afin d'empêcher les vagissements de l'enfant divin de parvenir aux oreilles de Saturne. A gauche, un groupe de jeunes Corybantes danse à l'entrée de la caverne ; celui-ci heurte son bouclier contre le roc, celui-là son épée ; un autre frappe à tour de bras le tambour qu'il porte au côté. Cette voussure est digne, par la conception et par l'exécution, d'être comparée à la précédente. Elle a les mêmes qualités et nous ne pourrions que renouveler pour elle les formules de l'éloge. La particularité réside en ceci qu'elle contient une telle perle, un morceau d'une réussite si incontestable que les critiques les moins acquis à l'œuvre en sont restés désarmés. Nous voulons parler de cette jeune prêtresse assise au milieu de la composition et berçant sur ses genoux le Jupiter enfant. Les plus adorables madones de l'art chrétien ont trouvé une sœur et une rivale dans cette vierge païenne, contemplant avec un amour naïvement curieux le petit corps agité de ce futur maître de l'Olympe. Elle le presse sur son sein, qu'il repousse des bras, d'une manière à la fois si gauche et si maternelle, ses mains se font si douces dans leur inexpérience et sa physionomie exprime un tel souci dans le ravissement, que tous ceux qui ont vu une jeune fille tenir un enfant seront saisis par la poésie ineffable du groupe.

VII

LES PETITES VOUSSURES

SUITE

Sur les cinq voussures consacrées à la symbolisation de la musique, il en est deux qui, par le choix des sujets, ne relèvent que de la seule imagination de l'artiste; elles sont cataloguées au livret sous les titres de l'*Assaut* et les *Bergers*. Une autre est prise de la mythologie, à cette belle légende d'Orphée dont M. Baudry semble ne jamais se lasser. Dans le *Saül et David*, c'est la Bible qui inspire la quatrième; et le motif de la dernière, le *Rêve de sainte Cécile,* bien que tiré de la légende sainte est une pure création de l'artiste qui s'est souvenu que l'art divin de la musique, art essentiellement moderne, est né dans l'église chrétienne avec Allegri et Palestrina.

6

LE RÊVE DE SAINTE CÉCILE

Si cette très-glorieuse et très-poétique sainte est la patronne des musiciens qui, chaque année, à Paris, célèbrent en son honneur une fort belle messe à Saint-Eustache, elle n'est pas non plus étrangère à la Peinture; d'illustres maîtres ont fixé sur la toile la représentation de son martyre et de sa beauté. Raphaël, le Dominiquin, le Guide, Carlo Dolci, puis Paul Delaroche, pour ne citer que ceux-là, avaient depuis longtemps conquis à leur art cette virginale figure, l'une des plus charmantes que le christianisme ait données à l'humanité. M. Baudry s'en est heureusement inspiré.

Nous ne sommes pas de ceux qui trouvent sainte Cécile déplacée à l'Opéra, puisqu'elle est la sainte protectrice de la musique. D'ailleurs, M. Baudry répondra aux critiques qu'il a été obligé de prendre son mythe là où il était et que ce n'est pas sa faute si la musique d'église a attendu jusqu'au catholicisme pour manifester sa splendeur et ses légendes. Aussi, malgré la disparate assez sensible de cette composition au milieu des autres, nous ne pouvons qu'approuver l'artiste d'en avoir résolûment accepté la discordance plutôt que d'omettre un développement important de son thème. Si dans son plan général il avait laissé de côté la Musique religieuse, ceux qui l'accusent le plus d'irrévérence lui auraient-ils pardonné la négligence? Son poëme pictural en l'honneur d'un art tant fécondé par la Religion resterait incomplet si le peintre n'y avait pas tenu compte du rôle joué par la musique dans notre culte national, et l'on avouera qu'il ne pouvait mieux choisir pour le symboliser que cette légende délicate, populaire et depuis longtemps autorisée par les maîtres de l'art catholique.

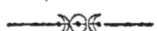

Sur la terrasse d'un palais romain, en plein air, et sous un firmament semé d'étoiles, la jeune fille s'est endormie. Le lit de repos où elle est étendue masque en partie la balustrade et occupe la droite du tableau. Vêtue d'une robe blanche et bleue, dont les plis chastes et naturels dessinent sobrement les formes gracieuses de son corps, une main ramenée sur la ceinture, l'autre pendante, elle rêve, la tête soutenue par des coussins et les pieds posés l'un sur l'autre. Au pied du lit, sur le premier plan, divers instruments de musique gisent pêle-mêle : un alto, une viole, une flûte, un clavier d'orgue. C'est en chantant les louanges de Dieu qu'elle a fermé les yeux. A gauche, trois anges debout se tiennent devant elle. Vêtus de tuniques légères et flottantes, où le vert, le violet et le bleu marient leurs nuances, les jambes nues jusqu'aux genoux, ces messagers apportent à la musicienne les chants mêmes du paradis et lui donnent concert. Au-dessus, dans le haut de la toile, un autre trio d'anges voltige et semble tournoyer. L'un de ces séraphins s'enlève à gauche dans ses draperies vertes, et la tête dressée vers les hauteurs il reproduit sur un violon les accords entendus dans l'infini ; un autre, présenté de dos, les ailes grandes ouvertes, tient un théorbe; ses vêtements blancs, qui s'éclairent d'un reflet céleste, le font ressembler à quelque alcyon s'ébattant au soleil. Le troisième, à droite, assis sur une nuée, accompagne sur le violoncelle les chanteurs du groupe inférieur; il est vêtu de pourpre et fait face au spectateur.

Par un de ces anachronismes qu'autorisent des exemples fameux, la sainte est vêtue du costume florentin, robe à taille, fleurie de ramages; son attitude est juste autant que simple, et quoiqu'elle ait les yeux clos, on ne saurait douter qu'elle assiste véritablement à l'apparition des anges dont elle rêve. Le groupe des trois séraphins chanteurs est déjà célèbre parmi les artistes : celui du premier plan notamment, qui se penche sur la feuille de musique pour y déchiffrer sa partie, est empreint de la grâce raphaélique la plus pure.

Le *Rêve de sainte Cécile* est de toutes les toiles dont nous traitons celle qui fait le plus d'honneur à M. Baudry et dont le succès artistique a été le moins discuté. Assurément, on ne saurait citer une seule des trente-deux autres qui ne contienne au moins un morceau de premier ordre et presque toujours des parties admirables. Mais celle-ci est complète. Tout y est trouvé et rendu avec une égale puissance de charme, et rien n'y faiblit sous la main assurée de l'artiste. La composition est née d'ensemble, moins d'un raisonnement que d'un rêve de beauté, et, parmi les morceaux divers dont elle est formée, aucun n'a été ajusté après coup pour les besoins de l'effet, atteint cette fois d'emblée. Ici le poëte vaut le peintre. L'impression est véritablement idéale de ces personnages séraphiques, voletant, par une claire nuit, dans la lumière de ce reflet de gloire au-dessus de la jeune fille endormie. Cette toile délicieuse est peinte dans une gamme de tons doux et brillants à la fois, qui est le secret de la palette de l'artiste. Si jamais peintre a possédé la couleur de sa forme, c'est celui-là, et l'on pourrait dire que dans tout ce qu'il signe, l'une et l'autre sont pareillement blondes.

7

SAUL ET DAVID

L'esprit du Très-Haut s'est retiré du vieux roi Saül : en proie à l'obsession du mal, il est étendu dans sa tente, sur son lit de douleur, autour duquel se tiennent Jonathas son fils, et Michol, sa fille bien-aimée. David vient d'être appelé pour calmer avec sa harpe les tortures du chef d'Israël. David à cette époque est déjà le jeune guerrier miraculeux qui a tué le géant philistin, et cet exploit lui a donné des droits à la main de Michol. Les femmes d'Israël vont chantant, sous les tentes, le fameux hymne : « Saül en a tué mille et David dix mille! » qui a mis la jalousie au cœur du malade. Aussi celui-ci nourrit-il le désir secret de se débarrasser de ce futur rival, visiblement destiné par Dieu à lui ravir sa couronne. Le peintre a représenté le roi dans une de ses crises, au moment où il va saisir sa lance pour transpercer le musicien. Déjà il se soulève de sa couche et va ramasser l'arme, mais Michol, la fiancée de David, et Jonathas, son ami, qui, dit l'Écriture, « l'aimait comme son âme », veillent à la sûreté du jeune homme. Michol par un sentiment de tendresse filiale a pris son père à bras-le-corps et cherche à paralyser les efforts de sa colère; Jonathas tend la main vers David, pour lui indiquer de fuir. Sur le seuil de la tente on aperçoit le jeune prophète livré à toute l'inspiration d'un génie qui doit plus tard lui dicter les Psaumes et qui en ce moment ne fait que surexciter l'âme du roi maudit de Dieu. Au fond, les tentes d'Israël s'échelonnent, ombragées de palmiers et éclairées par la lumière nette de la lune qui frappe David de flanc et projette jusque dans l'intérieur de la tente ses grandes ombres fantastiques et ses pâles reflets.

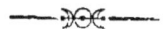

L'effet du tableau est puissant et l'originalité en est obtenue par une rare vigueur de coloris. La robe vert-olive de Michol, traitée violemment, est une page superbe de peinture.

David calmant avec la harpe les remords de Saül est une composition qui nous semble faite pour symboliser ce qu'on appelle la musique de chambre. Peut-être nous trompons-nous, cependant, et cette interprétation doit-elle nous rester pour compte. Cependant l'importance prise dans nos mœurs contemporaines par cette forme intime de l'échange des sons nous a suggéré cette hypothèse et nous pensons encore que les quatuors de Beethoven, par exemple, ne sont pas étrangers à l'idée du motif.

8

ORPHÉE ET EURYDICE

Le peintre nous transporte à l'entrée de l'Averne, au moment où le divin musicien, trop impatient de revoir Eurydice, se retourne et la perd à jamais. Il est ainsi puni de son manque de confiance dans les promesses de Pluton et de Proserpine. Il a beau se précipiter aux pieds de Mercure et le supplier, Eurydice s'enfuit, ramenée dans le gouffre par l'impitoyable serviteur des dieux. Dans les vêtements blancs qui la couvrent, son corps s'efface et déjà se vaporise. Désespérée, la tête rejetée en arrière, ses yeux se ferment une dernière fois et un cri d'angoisse s'exhale de ses lèvres décolorées. Alors les Parques endormies se réveillent, la roue d'Ixion recommence à tourner, Sisyphe de nouveau s'arc-boute à son rocher, et Cerbère agite dans le lointain ses trois gueules hurlantes.

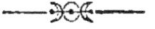

La recherche de peinture est ici aussi curieuse que pittoresque. C'est dans l'effet de ce corps blanc entrevu au travers des plis légers et transparents de la robe, que l'artiste a tenté de rendre la seconde mort d'Eurydice et son retour à l'état d'ombre. La difficulté était énorme, et c'est par la peinture seule que M. Baudry l'a surmontée. Dans cette longue tunique blanche, déjà linceul, mais robe nuptiale encore, la forme demi-effacée se profile et se noie, visible à peine et pourtant reconnaissable. L'Achéron reprend sa proie, et les ténèbres lui rendent l'indécision des lignes que le soleil allait accuser. L'instant où le fantôme l'emporte est admirablement saisi, et, à voir cette Eurydice, on comprend que tout est irrémédiablement fini pour Orphée, et que s'il peut la contempler encore, il ne peut déjà plus la toucher. Le tour de force est exécuté avec aisance et sûreté.

Mais au sujet de cette toile, et aussi de la précédente, nous placerons ici une critique, à la vérité plus littéraire que picturale, mais que M. Baudry lui-même nous pardonnera de lui adresser. Si l'on en croit le livret, le peintre aurait voulu exprimer dans cette composition l'idée que la Musique triomphe de la Mort, comme dans le *Saül* elle triomphe de la Douleur. Les épisodes choisis sont peu faits, ce semble, pour le prouver. Saül peut-il passer pour un homme calmé par la musique s'il ne songe qu'à transpercer le musicien? Est-ce bien vaincre la Mort que de se voir ravir par elle l'être adoré, quand on a sous la main une lyre d'une puissance fabuleuse, dont les enfers même subissent la loi? Mais passons et avouons bien vite que la logique n'a rien à voir à la peinture.

9

LES BERGERS

Nous voici en pleine églogue. La musique pastorale règne ici dans tout son charme virgilien. Les instruments naïfs et primitifs, syrinx, cornemuse, pipeaux et chalumeaux forment le concert rustique que la nymphe Écho reproduit et propage dans les vallons boisés. De jeunes bergers siciliens sont réunis au pied d'un chêne dans une florissante prairie que traversent les sillons lumineux du soleil. Ils ont ouvert entre eux une de ces luttes musicales dont un chevreau blanc est le prix, et une coupe artistement ciselée l'appoint. Le temps est clément et doux, et la nature harmonieuse invite les êtres au repos. Le principal personnage, jeune pâtre blond à la figure pensive, est assis au pied d'un grand arbre, et il laisse glisser sur ses lèvres les sept tuyaux de la syrinx. Sa houlette est appuyée sur ses jambes nues. A sa droite, un rival debout s'accoude au tronc du chêne et étudie les habiletés musicales du tityre. Sur le premier plan, une femme, quelque Amaryllis vue de profil et la tête tournée vers le fond, est agenouillée devant une brebis qu'elle s'occupe à traire. Le petit chevreau blanc, les pattes de derrière liées, est couché sur le flanc, les oreilles dressées, comme s'il prenait part à cette lutte dont il est l'enjeu; à gauche, un groupe de pasteurs attendent leur tour d'entrer en lice, chacun avec l'instrument où il excelle. Celui-ci tient une flûte, celui-là ses pipeaux; un autre, le bras appuyé sur l'épaule de son ami, tend l'oreille attentivement et apprécie une modulation savante. Au premier plan, à gauche, le juge du combat lyrique est assis sur le gazon et ramène son genou entre ses mains dans une attitude reposée. Au fond, sous les arbres de la route qui mène à la ville voisine, un vieux berger s'exerce à la cornemuse en gardant ses troupeaux.

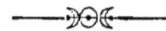

Un vif sentiment de la poésie idyllique perce dans cette charmante voussure. C'est une vision tranquille, encadrée dans un paysage élyséen, et l'artiste y a dépensé tout le calme de son âme. Les formes de ces jeunes gens se développent en combinaisons de belles lignes reposées et paisibles comme les tranquilles feuillages des arbres doucement balancés et le ciel serein qui les encadrent. Les attitudes, simples et nobles, les visages empreints de la mélancolie familière à tout homme qui vit en contact perpétuel avec la nature, les gestes et les groupements, tout en est composé pour plaire à l'âme et la rasséréner. Aussi les *Bergers* sont-ils un des tableaux de l'œuvre auquel le public nous a paru s'arrêter de préférence.

C'est la mise en œuvre d'une églogue virginienne, et le charme antique qui la revêt d'une poésie saine et profonde, émanée d'un artiste moderne, étonne comme un archaïsme.

10

L'ASSAUT

Après la musique champêtre, la musique guerrière; après les pipeaux d'Arcadie, les tambours et les cymbales. Nous assistons à un combat tout tyrtéen, sur lequel Bellone souffle son enthousiasme. Des guerriers nus se ruent, en poussant des cris de mort, sur les défenseurs d'un retranchement qu'on aperçoit à droite. Ils marchent sur les corps étendus de leurs compagnons d'armes. Les pieux, les piques, les boucliers et les épées luisent et se croisent. Les cheveux épars et la flamme dans les yeux, la terrible déesse plane au-dessus de la scène, dans une pose qui rappelle le mouvement de la grande figure du bas-relief de Rude à l'Arc-de-Triomphe. Le vieux chef d'armée, à cheval, dirige l'action, et sa tête césarienne domine la bataille. Des clairons, coiffés de peaux de bêtes et vêtus de chlamydes blanches frangées d'or, sonnent la charge. Des cavaliers retiennent leurs coursiers qui se cabrent; et de toute part se hérissent, se profilent et s'entremêlent des armes, des trompettes et des têtes furieuses. Les âmes et les corps sont montés au diapason de ce brouhaha formidable qu'entretient sans pitié la déesse rouge, Bellone, dont le vêtement éclarlate ensanglante le ciel.

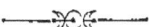

Nous ne pouvions terminer plus heureusement notre étude des voussures que par cet admirable morceau, exécuté de verve et digne, par le style, des plus grands maîtres. Dans son cadre étroit la guerre antique est là synthétisée avec ses exaltations sauvages, procurées par les hymnes sacrés et les sonorités de la musique militaire. C'est le combat corps à corps, en plein soleil, à l'arme blanche, qui met en jeu toutes les adresses, les forces, la présence d'esprit et l'intelligence de deux hommes égaux l'un devant l'autre et jouant leur vie contre une autre vie. Les corps sont nus et s'exposent à tous les coups, même à ceux de la fatalité, et on sent bien que ces luttes épiques n'ont que des causes nobles et généreuses.

VIII

LES MÉDAILLONS

L'art de peindre n'a pas de thème plus charmant à la fois et plus difficile que celui de l'enfant nu. Presque tous les maîtres l'ont abordé à cette époque climatérique du talent où la tentation de l'écueil s'impose à tout artiste, et où il croit n'avoir rien fait encore s'il n'a pas résolu un de ces problèmes du beau tenus pour décisifs dans une carrière, et auxquels les rivaux vous attendent. L'enfant, en peinture, est l'une des pièces qui décident de la maîtrise; aussi joue-t-il, chérubin, amour ou génie, un rôle important dans les tableaux immortels, belles visions fixées au ciel de l'art par les puissants réalisateurs du pinceau.

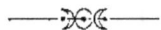

Dans la famille innombrable des types de beauté qu'ils ont créés pour la joie des yeux humains, entre les femmes idéales et les héros nobles et pensifs, folâtrent les douces phalanges d'enfants rêvés, guirlandes de petits hommes, qui sont comme les premiers chaînons d'une filiation artistique et des gages de postérité. L'art est ici légiféré par la nature, car ce qui se place le mieux auprès d'une belle femme, n'est-ce pas un enfant qui lui ressemble, et, dans la vie réelle comme dans l'idéale, n'est-ce pas ce qui la complète?

L'enfant a donc été de tout temps une préoccupation de la peinture, mais quelques artistes seulement lui ont voué une étude particulière et l'ont aimé pour lui-même, comme type spécial d'un charme qui lui appartient en propre dans la nature. Raphaël, par exemple, ne lui donne guère dans ses recherches qu'une valeur complémentaire de composition, et l'on sent que tout son effort se porte sur la femme, en qui se résumait pour lui la perfection physique et le chef-d'œuvre de la forme humaine; le divin bambino qu'il assoit sur les genoux de ses madones lui sert surtout à rehausser la beauté d'attitude et d'expression de la madone même. Il n'en est pas ainsi de Léonard de Vinci, de l'Albane et surtout du Corrége, le peintre sublime de l'enfant, et le maître dont M. Paul Baudry s'est inspiré directement pour ses dix médaillons ou dessus de portes.

Nous n'avons rien à ajouter, et il y aurait témérité à le tenter, au jugement porté sur ces médaillons par le plus grand critique d'art du XIXe siècle. On a vu plus haut que Théophile Gautier n'hésitait pas à les préférer à ceux-là mêmes qui ornent, à Parme, la salle des bains de Diane au célèbre couvent de Saint-Paul, lesquels contiennent cependant les plus beaux enfants du Corrége, ceux qu'il a caressés de son pinceau le plus délicat. Constatons seulement l'effet charmant qu'ils produisent dans ce vaste foyer de l'Opéra et le bonheur décoratif de leurs positions au-dessus des portes diverses de la salle. Dans leurs ovales dorés, qu'emplit un azur de saphir, tous ces petits génies se meuvent, s'accrochent, suspendent leurs jolis corps nus, et, chacun avec l'instrument de musique qui lui est propre, ils semblent sourire au bacchanal enfantin qu'ils se donnent. Pour peu que l'on s'y prête, l'illusion est féerique. Il en est qui descendent des hauteurs de ce ciel qui troue le grand plafond central, d'autres y remontent joyeux : c'est un va-et-vient, un essor, un envolement perpétuel entre ceux de la balustrade fleurie, d'où pendent des lianes, et ceux de ces petits œils-de-bœuf par l'ouverture desquels on retrouve encore le firmament. Toutes les parties de l'œuvre, tous les tableaux du poëme décoratif sont comme noués, enguirlandés et mis en communication par cette nuée d'enfants aux membres roses, projetés en tous sens, dont les regards vous poursuivent, et qui s'ébattent comme des oiseaux dans leur volière. Encore une fois, l'effet est enchanteur. La salle du grand foyer n'apparaît plus que comme l'intérieur d'une magnifique coupole, suspendue en plein air, ouverte à jour, et par les fenêtres de laquelle entrent et sortent de petits génies musiciens, qui vont ensuite se poser, les jambes pendantes, sur les rebords des corniches, au seuil même de l'étendue.

1

PERSIA

Ce médaillon de la Perse encercle, comme tous les autres, trois enfants ou génies : l'un, assis sur une nuée qui passe, et frappant des *cymbales*; — l'autre, la tête en bas, les ailes déployées, comme précipité des hauteurs, et accroché à un instrument bizarre pareil à une sauterelle : c'est la *pandura*. Un troisième enfant, vu à mi-corps, appuie sa tête sur ses bras croisés et ramenés, et il regarde le spectateur. Une *symphonia*, le tambour des Parthes, complète le groupe des instruments de musique nationaux, attributs de ces gracieux génies.

Pas plus dans ce médaillon que dans les suivants, M. Baudry n'a cherché à nous donner des spécimens de races et à résumer les types de la beauté persane. Ces enfants, comme les Muses et, en général, toutes les figures de son œuvre, ne relèvent que du seul idéal du peintre; hommes, femmes et enfants ne forment qu'une famille décorative créée par lui. C'est à peine si l'on peut çà et là relever quelques ressemblances particulières et une dizaine de portraits, réellement voulus portraits : tel, par exemple, dans ce médaillon même, celui de Christian Garnier, le fils de l'architecte de l'Opéra, dont les traits se retrouvent en ceux du génie qui tient les baguettes de la *symphonia*. L'enfant pensif, appuyé sur le nuage, est aussi un portrait, celui de Mlle Claire du Locle. Heureux l'artiste qui peut acquitter de cette manière les chères dettes de l'amitié !

2

ROMA

La musique, à Rome, était surtout guerrière ; la trompette dans toutes ses formes, voilà ce qui la caractérise le mieux : c'est aussi sous trois de ces formes que le peintre la met aux lèvres des génies de ce médaillon. Tous trois sont debout : l'un, vu de dos, le bras tendu, le poing fermé, et lancé dans un mouvement de course, sonne à pleins pou mons la *conque du Latium*; l'autre dresse au ciel son clairon (*tuba*) aux trois notes éclatantes; le dernier semble se complaire aux sonorités prolongées du *cor* des légions romaines (*cornu*) qui lui tourne autour du torse, et il cherche dans les yeux du spectateur l'effet produit par cette musique, multipliée encore de quelques échos lointains.

3

GRÆCIA

Quatre instruments caractérisent l'art musical de la Grèce : la *lyre*, le *tympanon*, la *syrinx* et la *double-flûte*. Ces deux dernières sont portées en attributs par un enfant assis sur un nuage, au bas du médaillon. La *double-flûte* repose sur son bras droit, et de la main gauche il soutient la *syrinx* à sept trous, sur lesquels il va promener ses lèvres tout à l'heure. Ce génie est le portrait du jeune Fritz-Delbecque. L'autre, celui de droite, appuyé sur la *lyre* et la main posée sur le *tympanon*, regarde au-dessus de lui voler quelque dieu au soleil : ses deux ailes étendues encadrent une tête expressive et charmante, qui laisse aisément reconnaître le visage de la fille de l'auteur du *Roi des Montagnes*, Mlle Edmée About. Un troisième génie passe sous le cadre et semble entrer dans la salle, portant, lui aussi, une lyre sur les épaules.

4

ÆGYPTUS

L'Égypte a le *sistre*, le *tintinnabulum* et le *psaltérion*. A gauche, un génie, debout et présenté de profil, heurte du poing, en souriant, le *tintinnabulum* et en fait tinter les clochettes. Le *sistre* est agité par un enfant, assis à droite sur des draperies, le visage curieusement tourné vers le spectateur. Au sommet du médaillon, un génie debout, les ailes ouvertes, s'accoude au bois recourbé du *psaltérion*, dont il maintient les clefs de la gauche, tandis que de la droite il en touche les cordes tendues, la tête levée au ciel, dans l'attitude de la rêverie. C'est dans les traits de ce dernier enfant que M. Baudry a fixé la ressemblance de la fille de son broyeur de couleurs, la petite Alice.

5

BARBARI

Un enfant lancé dans l'espace, et dont les jambes tendues se dessinent dans un raccourci d'une hardiesse surprenante, occupe toute la largeur de l'ovale; il tient une longue trompette et, avant de l'emboucher, il relève la tête vers le spectateur et semble lui demander conseil. Un autre, assis à droite, et dont on n'aperçoit que le dos et la nuque, fait résonner la *tarabouka*, dont la ceinture de cuir est nouée sur ses reins. Quant au ravissant petit génie ailé qui, à cheval sur l'ouate d'un nuage blanc, regarde droit devant lui avec un étonnement souriant et marque la mesure avec son *triangle*, c'est le portrait vivant de la petite-fille de l'architecte, M. Sédille.

6

BRITANNIA

Il descend aussi de la voûte enguirlandée du plafond central ce joli génie qui, les yeux fermés, colle son oreille sur les cordes vibrantes de la *harpe d'Érin*, et semble vouloir ne rien perdre de ses harmonies ossianesques. Celui-ci, couché à droite, les bras entre-croisés, se borne à observer l'effet que produisent les spectateurs vus à rebours. Le troisième, ailé, la tête de profil et les yeux baissés, presse sur sa poitrine le sac gonflé de la cornemuse, et, de ses doigts ouverts, il bouche tour à tour les trous des trois flûtes par lesquels s'échappent les sons continus de l'instrument rustique. Dans l'intervalle d'azur laissé par ces trois génies, un oiseau bleu passe et file à tire d'aile.

7

GERMANIA

Un *orgue* dresse à gauche ses tuyaux argentés, au-dessus desquels un génie passe sa tête et chante. Assis sur un nuage et levant au ciel ses yeux inspirés, un enfant promène ses doigts sur le clavier et marie sa voix aux accords harmonieux qu'ils en tirent. Derrière lui, debout et souriant à sa propre joie musicale, un autre génie sollicite doucement les cordes d'un *théorbe*. Le concert est charmant et il symbolise à merveille la musique allemande, pour laquelle l'orgue semble fait tout spécialement. Le modèle qui a posé pour l'enfant organiste est un petit spécimen de cette race yankee si belle et si vivace.

8

ITALIA

Au-dessus du cartouche où l'on lit la signature de l'œuvre, — BAUDRY, PAUL, JACQUES, INV. & PINX[1] — et que supporte

1. Dans les angles du cartouche, des chiffres s'enroulant

LES MÉDAILLONS.   145

des deux mains un enfant d'une beauté délicieuse, qui n'est autre que Mlle Suzon du Locle, dans toute la grâce de ses cinq printemps, un génie, couché sur le flanc, en travers de la toile, le menton posé sur le *violon* qu'il maintient de la gauche, se penche vers le spectateur et semble lui demander le *la*; la droite soulève l'archet qui va tomber sur les cordes sonores. A gauche, un autre génie, à demi masqué par le cadre et s'y cramponnant à la façon des hardis gamins, secoue le *tamburello*.

9

GALLIA

Fifre, *tambour* et *clairon*, tels sont les attributs que l'artiste donne à notre musique

en arabesques d'or indiquent les dates des travaux de l'artiste : 1866, commencement de l'œuvre ; 1870, interruption jusqu'en 1871 ; 1874, fin.

française. Autant dire que nous ne produisons que du tapage. Assis sur un canon (hélas!) dont la gueule menace l'horizon, un enfant, vu de face, les joues gonflées autour d'un clairon, jette jusque dans la salle ses fanfares militaires. A gauche, le fifre siffle aux lèvres d'un génie, coupé par l'ovale, et dont on n'aperçoit que la tête et les mains. A droite, de dos, mais le visage tourné vers le public, un autre bat joyeusement le tambour. Ce troisième enfant est le portrait du petit-fils du célèbre éditeur Hachette, le jeune Tony Fouret.

10

HISPANIA

Les *castagnettes* sont aux mains d'un enfant vu de dos, jusqu'à la ceinture, dont le mouvement indique qu'il danse un de ces pas populaires en Espagne, fandango, bolero ou jaleo de Xérès. A droite, un génie, tenant son masque sur les yeux, et le doigt posé sur la bouche, serre un *tambour de basque*. Le conducteur des travaux de l'Opéra, M. Robert, reconnaîtra sans peine son fils dans l'enfant tenant une *guitare*, et qui jette un dernier regard au public avant de remonter dans les airs.

Décembre 1874.

TABLE

	Pages
Les Peintures du grand foyer de l'Opéra, par Théophile Gautier.	1
I. Impression générale	21
II. L'Idée décorative	24
III. Les Plafonds	32
1. La Mélodie et l'Harmonie	32
2. La Tragédie	41
3. La Comédie	45
IV. Les Muses	49
1. Clio	51
2. Calliope	52
3. Melpomène	55
4. Uranie	56
5. Euterpe	58
6. Thalie	59
7. Terpsichore	61
8. Érato	63
V. Les grandes voussures	69
1. Le Parnasse	70
2. Les Poëtes	81

	Pages.
VI. Les petites voussures.	88
1. Le Jugement de Pâris..	90
2. Marsyas..	94
3. Salomé	100
4. Orphée et les Ménades.	104
5. Jupiter et les Corybantes.	107
VII. Les petites voussures (suite).	110
6. Le Rêve de sainte Cécile.	111
7. Saül et David..	117
8. Orphée et Eurydice..	120
9. Les Bergers..	124
10. L'Assaut.	127
VIII. Les Médaillons.	131
1. Persia.	136
2. Roma.	138
3. Græcia..	139
4. Ægyptus..	140
5. Barbari..	141
6. Britannia..	142
7. Germania.	143
8. Italia.	144
9. Gallia.	145
10. Hispania.	146

Paris. — J. Claye, imprimeur, 7, rue Saint-Benoît. — [2184]

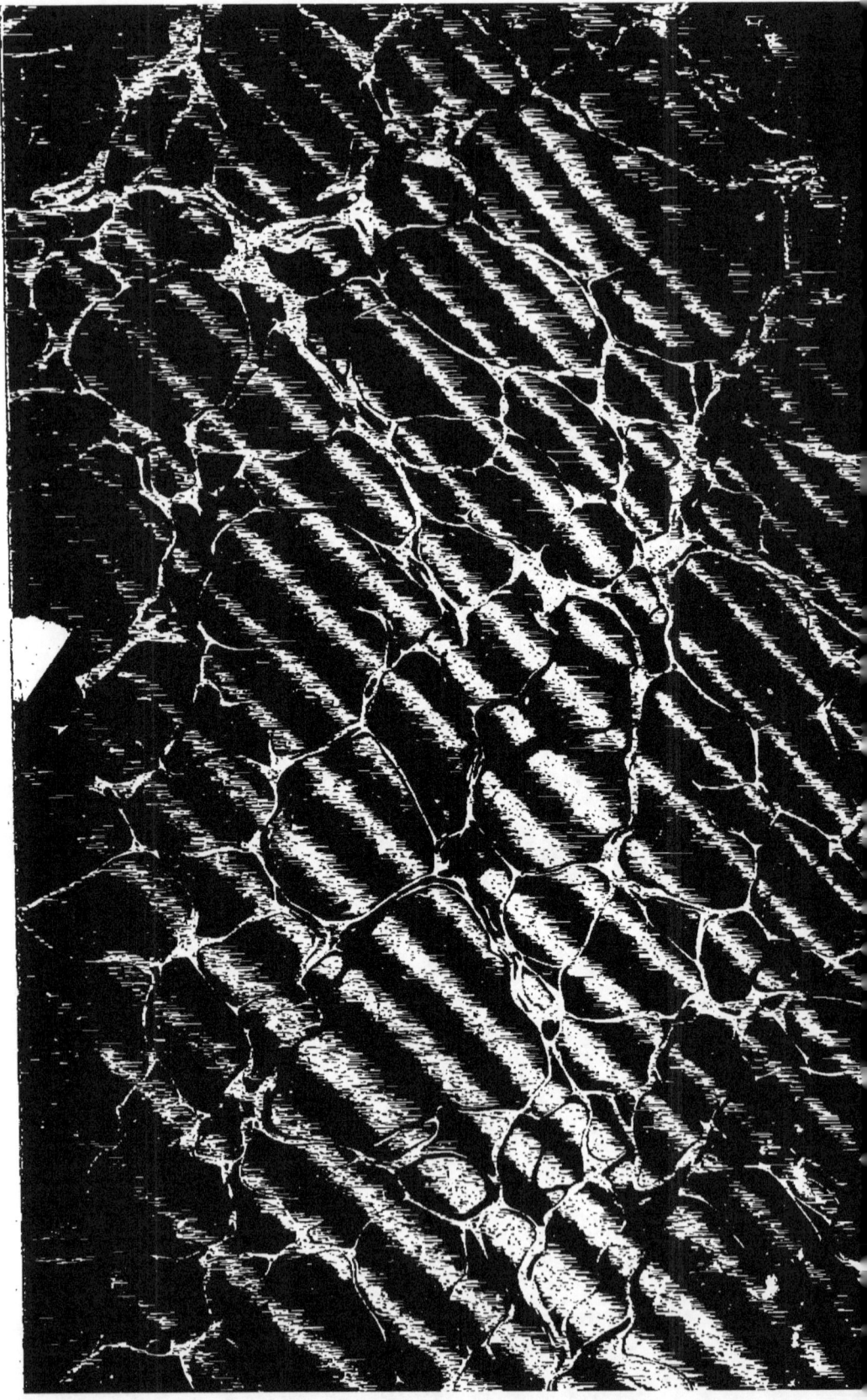

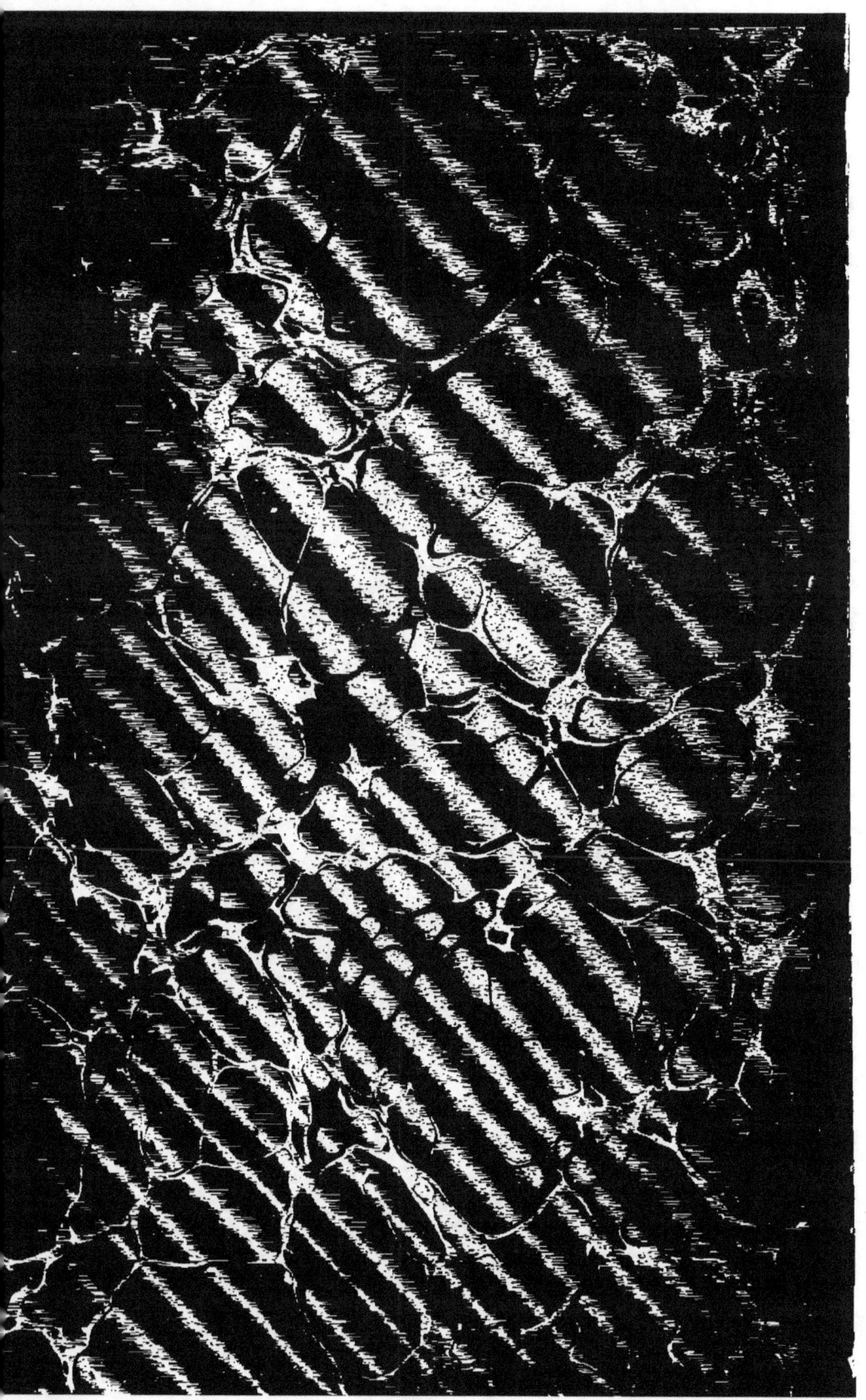

www.ingramcontent.com/pod-product-compliance
Lightning Source LLC
Chambersburg PA
CBHW070238230526
45470CB00002B/451

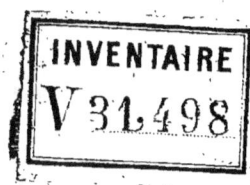

ASSOCIATION DES ARTISTES.

CINQUIÈME EXPOSITION ANNUELLE.

1852.

(C.)

ASSOCIATION DES ARTISTES.

EXPLICATION

DES

OUVRAGES DE PEINTURE,

DE LA COLLECTION P. BARROILHET.

EXPOSÉS AUX GALERIES BONNE-NOUVELLE.

Au Profit

de la

CAISSE DE SECOURS ET PENSIONS DE L'ASSOCIATION

CINQUIÈME EXPOSITION.

3ᵉ ÉDITION.

PRIX : **50** C.

PARIS.
IMPRIMERIE DE JULES-JUTEAU ET Cᵉ, RUE SAINT-DENIS, 341.

AVIS.

Les œuvres des maîtres des anciennes écoles ont été cataloguées, quant aux noms d'auteurs, d'après les indications des propriétaires.

Toutes les fois que les tableaux sont signés ou datés, on a pris soin de l'indiquer.

Un registre tenu par le conservateur des galeries de l'Association, contient l'indication des prix des œuvres des artistes vivants qui figurent à cette exposition.

Ce registre pourra être consulté par les personnes qui désireraient faire l'acquisition de quelques-uns de ces ouvrages.

Toutes les œuvres des Artistes sociétaires, choisies par le comité, sont exposées gratuitement; mais en cas de vente il sera prélevé un droit de cinq pour cent au bénéfice de la Caisse de Secours et Pensions.

La collection Barroilhet occupe la galerie Bouton.

Les tableaux appartenant à d'autres propriétaires occupent la galerie Taylor et la galerie de Luynes (les quatre premières travées).

Les dessins occupent les six dernières travées de la galerie de Luynes.

EXPOSITION
DE
L'ASSOCIATION DES ARTISTES.

Peinture.

COLLECTION P. BARROILHET.

ÉCOLE SIENNOISE.

BECCAFUMI (Domenico Mecherino, dit),

Peintre, sculpteur et graveur, né près de Sienne, en 1484, mort selon Vasari, en 1549; selon le P. Della Valle. il vivait encore en 1551; élève de Puero Campana; imita Pérugin et Michel-Ange.

1. — La Vierge et l'Enfant Jésus,   b. ovale.

ÉCOLE VÉNITIENNE.

BONIFAZIO,

Né à Venise vers 1500, mort en 1562 ; élève de Palme-le-Vieux, selon Ridolfi, de Titien, selon Boschini.

2. — Coriolan aux portes de Rome.

CANALETTO (Antonio Canal, dit),

Peintre et graveur; élève de Bernardo Canal, son père; peintre de décors.

3. — Vue de Venise, prise devant l'église de la Madonna della salute, et la Douane.

COLLECTION P. BARROILHET.

SÉBASTIANO DEL PIOMBO (Fra Bastiano Luciano, dit)

Né à Venise en 1485, mort à Rome en 1547; élève de Gio. Bellini et du Giorgion : scelleur de la Chancellerie papale; aidé souvent des conseils de Michel-Ange.

4. — Tête de soldat.　　　　　　　　　　b. ovale.

TIEPOLO (Giovanni Battista),

Peintre et graveur, né à Venise en 1697, mort à Madrid en 1770; élève de Grégor. Lazarini.

5. L'Assomption de la Vierge.
(Le Louvre n'a rien de cet artiste).

TINTORETTO (Jacopo Robusti, dit : IL),

Né à Venise en 1512, mort en 1594; élève de Titien; étudia Michel-Ange.

6. Louis Mocenigo, doge de Venise.
7. Le Concert des Dieux.　　　　　　　　b.
8. L'Ivresse de Noé.
9. Tête du Sauveur.

Paul VERONÈSE (Paolo Caliari, appelé)

Né à Veroné en 1528, mort le 19 avril 1588; élève de son père, Gabriel Caliari, sculpteur, et de son oncle, Antonio Badile, peintre.

10. — Ecce homo.　　　　　　　　　　b.

ÉCOLE FLORENTINE.

BRONZINO (Angiolo),

Peintre, graveur et poëte, né à Florence vers 1502; vivait encore en 1567; élève de Giacomo Pontormo; étudia Michel-Ange.

9. — Portrait d'une Dame romaine très parée.　　b.
(Ancienne collection du cardinal Fesch; n° 914 du catalogue de 1841; n° 583 du catalogue de 1845).

GIOTTO DI BONDONNE DI VESPIGNANO,

Peintre, sculpteur, architecte, né à la villa di Vespignano, près de Florence, en 1276, mort en 1336; élève de Cimabue.

PEINTURE.

12. — Deux Anges posant une couronne sur le front de la Vierge à l'Étoile (Madonna del Carmine). A gauche, saint Jean et sainte Catherine de Sienne ; à droite, saint Antoine et une sainte portant un livre et une petite tour.   b.

Toutes les têtes sont nimbées, fonds dorés, cadre en forme de niche, peint en bleu, avec ornements dorés et peints appropriés au style du tableau.

ÉCOLE NAPOLITAINE.

CARO (Balthasar di),

Florissait à Naples vers 1740, peintre de fleurs, de gibier et de chasse ; élève d'André Belvedère.

Le Louvre n'a aucun tableau de Caro.

13. — Gibier et Oiseaux. Un faucon déchire les entrailles d'un lièvre.
14. — Nature morte. Oiseaux.

FALCONE (Aniello),

Surnommé l'ORACOLO DELLE BATTAGLIE,

Peintre et graveur, né à Naples en 1600, mort en 1680 ; élève de Ribera ; ami, selon quelques auteurs, maître de Rosa, capitaine de la Compagnie de la Mort, dans la révolte de Masaniello.

15. — Combat de cavalerie,   c. rond.
16. — Bataille. Une Troupe de cavaliers emporte de vive force le passage d'un fleuve,   c. rond.

Michel-Angiolo CERQUOZZI,

DELLE BATTAGLIE, ou DELLE BAMBOCCIATE,

Né à Rome en 1602, mort en 1660.

17. — Un Pifferaro joue de la musette devant un jeune gueux qui danse sur le devant ; à droite, un vieillard assis, etc.   c.

8. **COLLECTION P. BARROILHET.**

RECCO (José),
Né en 1634, mort en 1695; élève de Porpora.
Le Louvre n'a aucun tableau de Recco.

18. — Table recouverte d'un riche tapis, sur lequel reposent des instruments de musique, un vase, etc.; un singe essaie de tirer quelques sons d'un flageolet. Signé dans les arabesques du tapis : G.-B. Recco.

19. — Table recouverte d'un riche tapis sur lequel sont confondus un livre, un coussin, des masques, un encrier, etc. Signé au milieu de l'encrier : Recco.

SALVATORE ROSA,
Peintre, graveur, poète, musicien, né à l'Arenella, village près de Naples, le 20 juin 1615, mort à Rome le 15 mars 1673; élève de Francesco Francanziani, d'Aniello Falcone, et de l'Espagnolet; étudia Lanfranc.

20. — Tempête.

21. — Madeleine pénitente. Signé et daté, mais peu distinctement. c.

ÉCOLE BOLONAISE.

CARRACCI (Annibale),
Peintre et graveur, né à Bologne en 1560, mort à Rome en 1609; élève de L. Carracci, son cousin, et frère cadet d'Ag. Carracci.

22. — Une Déposition. b.

DOMINICHINO (Domenico Lampieri dit IL),
Né à Bologne le 21 octobre 1581, mort à Naples le 15 avril 1641; élève de Denis Calvart et des Carrache.

23. — Saint François d'Assise enlevé par les Anges, cadre à plusieurs pans. c.

ÉCOLE ROMAINE.

CARAVAGE (MICHEL-ANGIOLO AMERIGHI OU MORIGI, dit LE)
Peintre et graveur, né à Caravagio, près Milan, en 1569, mort en 1609 à Porto Ercole; étudia Giorgion.

24. — Jésus à la colonne.

GUIDE (GUIDO-RENI dit LE),
Peintre et graveur, né à Calvenzano, près Bologne, en 1575, mort en 1642; élève de Denis Calvart, puis des Carrache, particulièrement de Louis.

25. — Christ en croix.
26. — Saint François d'Assise. b.

GAROFOLO (BENVENUTO TISIO DA).
Né à Garofolo dans le Ferrarais en 1481, mort le 6 Septembre 1559; élève de Domenico Panneti, Nicolo Soriani, Boccacio Boccacino, Gio Baldini, Lorenzo Costa et Raphaël, travailla avec les Dossi.

27. — La Vierge et l'enfant Jésus, des Anges leur offrent des fleurs, à droite sainte Philomène, à gauche sainte Catherine de Sienne. b.

ÉCOLE ESPAGNOLE.

GOYA (DON FRANCISCO GOYA Y LUCIENTES, appelé),
Peintre et graveur, né à Fuendetodos (royaume d'Aragon) en 1746, mort à Bordeaux en 1828; élève de José Luzan 1780. Peintre de Charles III, puis de Charles IV.

28. — Portrait de Goya par lui-même.
29. — Portrait de la Goycochea. Signé dans l'entablement du guéridon sur lequel la Goycochea s'appuie : F^{co} GOYA, ANNO, 1790.

COLLECTION P. BARROILHET.

30. — L'Abolition de l'ordre des Jésuites. — Sujet historique traité allégoriquement.

31. — Même Sujet.

MURILLO (Bartolomé Esteban),

Né à Séville, où il fut baptisé le 1er janvier 1618; élève de Juan del Castillo et de Velazquez, mort à Séville, le 3 avril 1682. 1660, président de l'académie de peinture à Séville.

32. — Baptême du Christ.
33. — L'Embarquement de Noé.
34. — Le Débarquement de Noé.

RIBERA (Josef de), surnommé l'Espagnolet,

Peintre et graveur, né le 12 janvier 1588, à Xativa, près de Valence, mort à Naples en 1659; élève de Francisco Ribalta et du Caravage, peintre du vice-roi de Naples. 1630, membre de l'académie de Saint-Luc, à Rome. 1644. Chevalier de l'ordre du christ par le pape.

35. — Saint Sébastien secouru par Irène.
36. — Saint Onuphre.

VELAZQUEZ DE SILVA (Don Diego),

Né à Séville en 1599, mort à Madrid le 7 août 1660; élève de Francisco Herrera et de Francisco Pacheco, dont il épousa la fille; imita les ouvrages de Luis Tristan; peintre de Philippe IV, huissier de sa chambre, et fourrier du palais; membre de l'académie de peinture à Rome. 1650. Annobli par Philippe IV. 1658. Chevalier de Saint-Jacques.

37. — Herminie chez les Bergers. Sujet tiré de la Jérusalem délivrée.
38. — Un grand Amiral.
39. — Un grand d'Espagne. Cadre en chêne plein, sculpté et évidé à jour.
40. — Portrait d'une Infante.

41. — Duel de Soldats.
42. — Antigone. — Esquisse.

ÉCOLE FLAMANDE ET ÉCOLE HOLLANDAISE

BERGHEM (Nicolas ou Claes),

Peintre et graveur, né à Harlem, 1624, mort le 18 février 1683, dans la même ville; élève de Pierre Van Haerlem, son père, de Jean Van Goyen, de Nic. Moyaert, de Pierre Grebber, de Jean Wils et de Jean-Baptiste Weenix.

43. — Paysage.

DUBOIS (Corneille),

Peintre de paysages, florissait en 1647; imitateur de Jacques Ruysdaël.

44. — Paysage.   Signé : Dubois, 1642.   b.

Le Louvre n'a aucun tableau de Dubois.

DYCK (Antoine Van),

Né à Anvers le 22 mars 1593, mort à Londres en 1641; élève de Henri Van Dalen et de Rubens.

45. — Portrait de Dame.   b.

HUYSMANS (Cornille),

Surnommé HUYSMANS DE MALINES,

Né à Anvers en 1648, mort à Malines le 1er juin 1727; élève de Gaspard de Witt et de Jacques Van Artois.

46. — Paysage.   b.
47. — Petit Paysage.   b.

JORDAENS (Jacques),

Peintre et graveur, né à Anvers le 19 mai 1594, mort dans la même ville le 18 octobre 1678; élève d'Adam Van Oort et de Rubens.

48. — Les Vendangeurs.

MAITRE INCONNU.

49. — Portrait d'Homme.

COLLECTION P. BARROILHET.

MAITRE INCONNU.

50. — Poissons.

MAITRE INCONNU.

51. — Oiseaux morts. b.

MARCELLIS (Otho), surnommé à Rome le Furet,
Né en 1613, mort à Amsterdam en 1673.

52. — Papillons, Serpents et Lézards. Signé à droite, en bas, mais assez peu distinctement. b.
(Le Louvre n'a aucun tableau d'Otho Marcellis).

MIEL ou MIELE (Jean), surnommé BICKER,
Né près d'Anvers en 1599, mort en 1646 à Turin; élève de Gerard Seghers et d'André Sacchi.

53. — Halte près de ruines.

REMBRANDT (Paul Van Rhyn, dit),
Né entre Leyerdorp et Koukerck, près de Leyde, le 15 juin 1606, mort à Amsterdam en 1674; il reçut les premières leçons de Jac. Vanz-Waarenburg et se perfectionna sous P. Lastman, Jac. Pinas et Geor. Schooten.

54. — Les Joueurs.

RUBENS (Pierre-Paul),
Né à Cologne le 28 juin 1577, mort à Anvers le 30 mai 1640; élève de Tobie Verhaest, d'Adam Van Oort, et d'Otto Venius. 1630, février. Créé chevalier par le roi d'Angleterre Charles Ier.

55. — Un Berger qui étouffe un Ours. b.

Gravé par Panneels. — N° 45 du catalogue de l'œuvre de Rubens (sujets historiques et allégoriques); par Hecquet; N° 21 du catalogue (ancien Testament), par Basan, qui décrit ainsi le tableau : David qui étouffe un Ours.

56. — Le Jardin d'amour. b.
57. — Esquisse en grisaille. b.

58. — Portrait d'homme.
A droite dans le haut, armoiries; au-dessous, 1634; plus bas, OE'. Suœ 65.

59. — Le Temps enlevant la Vérité de la Terre. marbre

59. bis. — Figures.

STEIBEN.

60. — Le Marchand de Tableaux. c.
On voit parmi les tableaux qui ornent sa demeure, les productions les plus célèbres de Rubens et de ses contemporains.

TÉNIERS (DAVID) le jeune,

Né à Anvers en 1610, mort à Bruxelles le 25 avril 1694; élève de son père, David Téniers le vieux, et d'Adrien Brauwer.

61. — Le Marchand ambulant. Sig. du monogramme. b.

62. — Danse villageoise. Signé : TENIERS b.

TERBURG (GÉRARD),

Né à Zwol en 1608, mort à Deventer en 1681; élève quelque temps de son père.

63. — Un Cavalier. b.

VELDE (GUILLAUME VAN DEN),

Né en 1633, mort en 1707; élève de son père Guillaume, et de S. de Vlieger.

64. — Portrait de Van den Velde par lui-même. b.

WALSCAPPEL.

65. — Fruits.   Signé : WALSCAPPEL. b.
Le Louvre n'a aucun tableau de Walscappel.

ZOOLEMAKER, ou mieux SOOLMAKER,
École de Berghem.

COLLECTION P. BARROILHET.

66. — Paysage, Animaux. — Signé : F. Soolmaker. b.
(Le Louvre n'a aucun tableau de Zoolemaker).

ÉCOLE ALLEMANDE.

HOLBEIN (Jean) le jeune,

Né à Bâle en 1498, mort à Londres en 1554, élève de son père, Jean Holbein le vieux.

67. — Portrait d'Homme. b.

LUCAS DE LEYDE (Lucas Dammesz, appelé vulgairement Lucas de Hollande, ou),

Né à Leyde en 1494, mort dans la même ville en 1533, élève de son père Hugues Jacobz et de Corneille Engelbrechtsen.

68. — Portraits. — Quatre têtes de vieillards. b.
Au dessus de chaque tête est placée une inscription latine à demi effacée, et dont voici, sous toutes réserves, la restitution : MAR : FICINUS (Marsile Ficin, érudit?) CHR : LANDINUS (Cristofo Landino, poète?) ANG. POLITIANUS (Ange Politien, philologue et littérateur?) DEMETRIUS GRECUS ?

69. — Madone à l'Enfant Jésus. Fonds d'or. b.

MEMLING ou HEMMELINCK,

Né à Damme, près de Bruges en 1434; travaillait encore en 1479

70. — Les Noces de Cana. b.

WOLGEMUT (Michel),

Peintre et graveur, né à Nuremberg en 1434, mort dans la même ville en 1519 ; élève de Jacob Walen, maître d'Alb. Durer.

71. — Une déposition. b.

ÉCOLE ANGLAISE.

REYNOLDS (Sir Joshua),

Né à Plympton (comté de Devon), le 16 juillet 1723, mort à Londres le 23 février 1792, élève en 1742 de Hudson. — 1768, président de l'académie royale des arts, démissionnaire le 22 février 1790,

PEINTURE.

72. — La métamorphose, sujet tiré d'Apulée.

REYNOLDS,

Peintre et graveur à la manière noire, souvent confondu avec Joshua Reynolds.

73. — Paysage.
74. — La Moisson.   sur carton.
75. — Vue prise à Saint-Cloud.
76. — Étude.
77. — Étude. — La Ferme.
78. — Étude.
79. — Étude.

BONINGTON (RICHARD PARKES),

Né à Arnold, près Nottingham, le 25 octobre 1801, mort à Paris, le 23 septembre 1828; élève de son père, de Prout et de Gros. — Médaille, 1825.

80. — Plage.

ÉCOLE FRANÇAISE.

BOUCHER (FRANÇOIS),

Né en 1704, mort le 30 mars 1770; élève de Lemoine, académicien le 30 janvier 1734, adjoint à professeur le 2 juillet 1735, professeur le 2 juillet 1737, adjoint à recteur le 29 juillet 1752, recteur le 1er août 1761, directeur le 23 août 1765, premier peintre du roi à la mort de Carle Vanloo en 1765.

81. — La belle Dormeuse.   ovale.
    Ancienne collection de Cypierre.

82. — La Musique.

COLLECTION P. BARROILHET.

BOURGUIGNON (Jacques Courtois, dit le)

Né à Saint-Hippolyte (Franche-Comté), en 1621, mort à Rome en 1676; élève de Jérôme, peintre Lorrain.

83. — Un Combat. — Attaque d'un pont.

84. — Choc de cavalerie.

CHARDIN (Jean-Baptiste-Siméon).

Né à Paris le 2 novembre 1699, mort dans la même ville le 7 décembre 1779; élève de Cazes; académicien le 25 septembre 1728; conseiller le 28 septembre 1743.

85. — La Brodeuse.   b.

CLOUET JANET (François-Clouet dit),

Vivait en 1547; son maître n'est pas connu.

86. — Guy du Faur, seigneur de Pibrac,

Magistrat, négociateur, moraliste et poète, chancelier de la reine de Navarre (Marguerite de Valois).
(Ancienne collection du cardinal Fesch, n° 1,331 du catalogue de 1841, n° 477 du catalogue de 1845).
Au revers du panneau, on lit un quatrain satirique, signé: DE LA PLACE

87. — Anne, duc de Joyeuse, amiral, duc, pair, gouverneur de Normandie, tué à la bataille de Coutras.   b.
(Ancienne collection du cardinal Fesch; n° 1,332 du catalogue de 1841, n° 478 du catalogue de 1845).
Au revers du panneau, on lit deux vers satiriques, signés:
DE LA PLACE.

FRAGONARD (Nicolas),

Né à Grasse en 1732, mort à Paris le 22 août 1806; élève de Boucher; grand prix en 1752.

88. — L'Heureuse Mère.

89. — Tête d'Enfant.   b.

PEINTURE.

90. — Esquisse d'un Plafond, sujet allégorique. Dans le fond une femme, assise sur des nuages, tient un livre ouvert, portant ces mots : IN LEGIBUS SALVS ; derrière elle, un homme appuie la main sur un bouclier portant ces mots : JUBET ET PROBAT. ovale. b.
91 — Le jeune peintre, esquisse.
92. — Paysage. sur carton.

GÉRICAULT (JEAN-LOUIS-THÉODORE-ANDRÉ),

Né à Rouen en 1790, mort le 18 janvier 1824, à Paris; élève de Carle Vernet et de Guérin, première exposition, 1812 ; médaille : 1812, 1819.

93. — La Vedette.
94. — Mazeppa. — Esquisse.

GREUZE (JEAN-BAPTISTE),

Né à Fourmio, près de Mâcon, le 21 août 1725, mort à Paris le 21 mars 1805 ; élève de Grandon, académicien le 23 août 1769, chevalier de Saint-Michel.

95. — Tête de jeune Fille.

LANCRET (NICOLAS),

Né à Paris le 22 janvier 1690, mort le 14 septembre 1743 ; élève de P. d'Ulin et de Gillot, académicien le 24 mars 1719, conseiller le 2 juillet 1735.

96. — Le Nid d'Oiseaux.
97. — Jugement de Pâris. b.
98. — L'Hiver. b.
99. — L'Été. b.

COLLECTION P. BARROILHET.

L'ARGILLIÈRE (NICOLAS DE).

Né à Paris en 1656, mort dans cette ville le 26 mars 1746 ; élève d'Antoine Goubeau, académicien le 30 mars 1686, adjoint à professeur le 4 juillet 1699, professeur le 30 juin 1705, adjoint à recteur le 24 avril 1717, recteur le 10 janvier 1722, chancelier le 30 mai 1733, directeur le 5 juillet 1738.

100. — Portrait d'une Dame de la Cour.

OUDRY (JEAN-BAPTISTE).

Né à Paris en 1686, mort à Beauvais le 30 avril 1755 ; élève de Largillière, académicien le 25 février 1719, adjoint à professeur le 4 juillet 1739, professeur le 28 décembre 1743.

101. — Oiseaux.

PATER (JEAN-BAPTISTE);

Né à Valenciennes en 1695, mort à Paris le 25 juillet 1736 ; élève de Guérin et d'A. Watteau, académicien le 31 décembre 1728.

102. — Plaisirs Champêtres.   Signé : PATER, 1782.
103. — Jeune Pâtre.   b.

POUSSIN (NICOLAS),

Né aux Andelys, au mois de juin 1594, mort à Rome le 19 novembre 1665; élève d'Elle de Malines, de Lallemant et de Quintin Varin, premier peintre ordinaire du roi le 20 mars 1641.

104. — La Passion. — Esquisse, gravé.

PRUD'HON (PIERRE-PAUL),

Né à Cluny le 6 avril 1760, mort à Paris le 16 février 1823 ; élève de Devosge (de Dijon); première exposition, 1801, membre de l'Institut le 24 septembre 1816.

105. — La Volupté. — Esquisse.

L'exposition possède le dessin très terminé de cette composition (voir aux Dessins, art. PRUD'HON.)

106. — La Mère malheureuse.

Petite esquisse pour le tableau de Mlle Mayer, qui fut exposé au salon de 1810.

PEINTURE.

WATTEAU (Antoine),

Né à Valenciennes le 10 octobre 1684, mort à Nogent, près Paris, le 18 juillet 1721; élève de Métayer, de C. Gillot et de Cl. Audran; grand prix, académicien le 28 août 1817.

107. — Plaisirs champêtres
108. — Clytie changée en héliotrope.
       Tableau exécuté dans la manière de Rubens.
109. — La déclaration imprudente.
110. — Le Repos champêtre.
111. — Masques de la Comédie Italienne, gravé par Cochin.   b.
112. — L'Alliance de la Musique et de la Comédie, représentée sous la figure de leurs muses avec leurs armes et attributs: gravé par J. Moyreau.
113. — Causerie champêtre.

MAITRES CONTEMPORAINS.

BONNEFONDS,

Né à Lyon; première exposition, 1817, médaille 1817, 1827.

114. — Tête de vieillard.

CABAT (Louis-Nicolas),

Né à Paris; première exposition 1833, médaille 1834.

115. — Les Trois Ages.

CHARPENTIER (Auguste),

Né en 1814; élève de Ingres, médaille 1840.

116. — Femme Napolitaine.

COLLECTION P. BARROILHET.

COUTURE (Thomas), ✻,

Élève de Gros, médaille 1847.

117. — Le jeune Fou.
118. — Même sujet.

Réduction du tableau précédent.

119. — Profil perdu.
120. — Tête de Madeleine.   ovale.
121. — Le Repos.
122. — La Puissance de l'Or.
123. — Le Dieu de l'Epoque.
124. — Tête d'étude.
125. — Le petit Fauconnier.
126. — Portrait de Mr Barroilhet.

DECAMPS (Gabriel), O. ✻,

Né à Paris en 1803; élève d'Abel de Pujol, première exposition : 1827, méd. 1831, 1834, officier 1851.

127. — Campagne de Rome.   b.
128. — Petit paysage. — Chasse au Marais.   b.
129. — La charette.

DELACROIX (Ferdinand-Victor-Eugène), O. ✻.

Né à Charenton Saint-Maurice, près Paris, le 26 avril 1798; élève de Guérin, première exposition : 1822, médaille 1824, officier de la Légion-d'Honneur 1846.

130. — Chevaux de ferme.   b.
131. — Don Quichotte.
131. *bis*. — Archimède.

DIAZ DE LA PENA (Narcisso), ✳,

Médaille , décoré en 1851.

132. — L'Adieu.
133. — Coucher de Soleil.
133. bis. — Le Philosophe.
134. — Ophelia. b.
135. — Troncs d'arbres. — Étude. b.
136. — Mare et Forêt.
137. — Paul et Virginie.
138. — Jeune Fille.
139. — Chevaux au pacage. b.

DREUX (Alfred de).

140. — Étalon en liberté.

DUPRÉ (Jules),

Première exposition : 1831, médaille 1833.

141. — Les Moulins.

Ancienne collection Paul Périer (n° 16 du catalogue).

142. — Marécage dans un bois.
143. — Esquisse.
144. — Petite Cabane.
145. — Grande Esquisse.

FLERS (Camille).

146. — Une Vanne en Normandie. S. 1834.

DE FRANCESCO (Benjamino).

147. — Coquelicots.

GALETTI,
Né en Italie.

148. — Paysage.

COLLECTION P. BARROILHET.

HERVIER (Adolphe).

149. — Marine.

HOGUET (Charles).

150. — Nature morte.
151. — Marine. b.

ISABEY (Eugène), O. ✻,

Né à Paris le 22 juillet 1804; élève de son père, méd. 1824, 1825, 1827, 1831, chevalier de la Légion-d'Honneur 1832, officier 1852.

152. — Marine. b.
153. — Un Alchimiste. S. 1834.

LESSORE (Émile),

Élève d'Ingres, médaille 1831.

154. — Callot.

MICHEL.

155. — Étude, le Moulin à vent.
156. — Étude.
157. — Étude.

PILS (Isidore),

Elève de Picot; premier grand prix de Rome, 1838; médaille, 1846.

158. — Marine.

ROQUEPLAN (Joseph-Étienne-Camille), ✻,

Né à Mallemort (Bouches-du-Rhône), le 18 février 1802, élève d'Abel de Pujol et de Gros, médaille en 1822, décoré 1832.

159. — Petit paysage, ovale. b.
160. — L'Heureuse Mère.
161. — Marine.

PEINTURE.

ROUSSEAU (Théodore),
Médaille 1834, 1850.

162. — Grande Avenue.
163. — Un Terrain.   b.
164. — Coucher du Soleil, Forêt de Fontainebleau.
165. — Marécage.
166. — Petit Paysage.

TASSAERT (Octave).
167. — La jeune Fille au lapin.

TROYON (Constant).
168. — Moulin à Montmartre.
169. — Dindons.   b.

VIDAL.
170. — Jeunes Bretonnes priant sur un tombeau.
171. — Petit cheval dans une cour.

Peinture.

ALEXANDRE (Léon).
34, rue Lafayette.
172. — Toilette de Bal.   haut. 0,52; larg. 0,45.

ANASTASI (Auguste),
92, Rue Hauteville,
Né à Paris le 15 novembre 1820; médaille :
173. — Petit Ravin, Soleil couchant, Forêt de Fontainebleau.   S. 1850.   b.

APOIL (Mme Suzanne-Estelle), née BÉRANGER,
Médaille 1846.
174. — Fleurs.

BAZIN (Louis-Charles),
28, rue d'Assas,
Né à Paris en 1803; élève de Girodet, et depuis 1819 de Gérard.
175. — La Prière du matin.
                                    (A M. Lefebvre.)
176. — Jeune Fille au lézard.   S. 1846.

PEINTURE.

177. — Le marquis H. de Larochejaquelein.
(A M. le marquis de Larochejaquelein.)

178. — Portrait d'homme.
(A M. Rocton.)

179. — Le denier de César.

Répétition sur une moindre échelle du tableau qui a figuré au salon de 1845 et qui fut acheté par le Ministère de l'Intérieur. Cette répétition a été lithographiée par Soulange Teissier.
(A M. le docteur Boué.)

180. — Sainte Cécile.

181. — La Canne à Papa.

BELLOCHE.

182. — Les Demeures de Napoléon.

BENOUVILLE (Achille),
8, place Vendôme,
Premier grand prix de Rome, 1845; médaille

183. — Le Départ, souvenir de l'Arriccia.   S.1850.
Envoi de Rome.
(Au Ministère de l'Intérieur.)

BERGER (Joseph),
Né à Langres en 1798; élève de Prud'hon et de Gros.

184. — M. Léon Noël.

BERTHELEMY (Emile),
19, rue du Delta.

185. — Marine. Evasion de Jean Bart.

BIARD (François) ✻,

8, place Vendôme,

Né à Lyon en 1800 ; médaille 1827.

186. — Un Propriétaire.

187. — Madame Dubarry chez Cagliostro. S. 1849.

188. — Henri IV et Fleurette, S. 1847.

BOILLY (Louis-Léopold,

Né à la Bassée (Nord), le 5 juillet 1761, mort le 5 janvier 1845; élève quelque temps de son père Arnould Boilly, sculpteur en bois; médaille 1804, décoré 1833.

189. — Le Neuvième Mois. b.

(Signé : L. Boilly.)

A été lithographié.

(A M. ***.)

190. — Molé, ancien sociétaire de la Comédie Française. b.

Cadre ovale.

(A M. le marquis de Pastoret.)

(Le Louvre n'a aucun tableau de Boilly.)

BONVIN (François),

39, rue de Vaugirard,

Médaille 1849, 1851.

191. — La Cuisinière. (S. 1850).

Gravé par Edmond Hedouin.

(à M***.)

27.   PEINTURE.

BOTH D'ITALIE (Jean Both dit).

Né à Utrecht en 1610; élève d'Abraham Bloemaert, mort à Utrecht en 1653.

(École Hollandaise.)

192. — Paysage.

(à M. Huvé.)

BOUCHER (François).

193. — Une Source. Allégorie mythologique.

(Signé : J. Boucher 1743.

(Voir le N. 81.)

(A M: le Comte de Montesquiou.)

BOURDON (Sébastien),

Né à Montpellier en 1616, mort le 8 mars 1671; membre de l'Académie dès sa fondation (1648). Premier peintre de la reine Christine de Suède.

(École Française.)

194. — Portrait d'un Gentilhomme.

(à M***)

BRÉEMBERG (Bartolomé),

Peintre et graveur, né à Utrecht vers 1620, mort en 1660.

(École Hollandaise.)

195. — Ruines. Paysage composé.

(A M. Roëhn.)

BRISSET,

Premier grand prix de Rome 1840 ; élève de Picot.

196. — Erigone.   cadre ovale.

(A M. Fromentin.)

PEINTURE.

BRUNE (Adolphe),
Première exposition 1833. Médaille 1834.

197. — Le Miracle de saint Marc, copie du Tintoretto.
(Le tableau original est à la Pinacotoca de Venise).

CARDUCHO (Bartolomé Carducci, appelé en Espagne),
Né à Florence en 1560, mort à Madrid en 1608; élève de B. Ammanati, pour la sculpture, et de P. Zuccheri, pour la peinture. (École de Madrid.)

198. — Des Religieux vont procéder à la translation d'un corps : ils sont réunis et se forment en cortège.
(A M. le baron Taylor.)

CARACCI (Annibale),
(Voir le N° 22.)

199. — Descente de Croix.
(Voir le N° 201.)
(A M. le général de Cubières.)

CASANOVA (François),
Né à Londres en 1730, mort à Brühl en 1805, frère du fameux aventurier; élève de Mengs, professeur et directeur de l'académie des Beaux-Arts à Dresde. Académicien, 28 mai 1763.

200. — Paysage.

CERQUOZZI (Michel-Angiolo),
Dit DELLE BATTAGLIE ou DELLE BAMBOCIATE,

201. — Bataille au XVI° siècle.

Ce tableau faisait partie, ainsi que ceux numérotés, 198, 207, 208, 209, 210, 211, de la collection formée à Rome par Wicar, peintre lillois, ancien commissaire de la République française à la suite de l'armée d'Italie, pour la réunion des objets d'art. (Le Louvre n'a aucun tableau de Cerquozzi.)
(A M. le général Cubières).

PEINTURE.

CHAMPAIGNE (Philippe de),

Né à Bruxelles en 1602, mort à Paris le 12 août 1674; élève de Bouillon, de Michel Bourdeaux et de Fouquières; académicien, 1er février 1648, professeur, 6 mars 1655; peintre du roi.

(École Française.)

202. — Thomas Corneille.
A été gravé.
(A M. le marquis de Pastoret.)

203. — Saint Vincent-de-Paul.
(Dans le haut, à droite, œtatis 76, A. N. 1655.)
(A M. le marquis de Pastoret.)

204. — Le Cardinal de Bérulle.
A été gravé.
(A M. le marquis de Pastoret.)

205. — Jésus-Christ et la Samaritaine.
Gravé par Edelinck.
(A M. le marquis de Vérac.)

CHARDIN (Jean-Baptiste-Siméon),

(Voir le No 85.)
(École Française.)

206. — Une Nature morte. Signé : J. Chardin.
(A M. ***)

207. — Un Aveugle des Quinze-Vingts demandant l'aumône.

Ce tableau, fait en 1753, a été gravé par P.-L. Surugue.
Un des anciens catalogues, après la description du tableau, cite les vers suivants faits par Piron en 1766, pour un aveugle nommé Cesar qui demandait l'aumône au passage des Feuillants:

Chrétiens, au nom du Tout-Puissant,
Faites-moi l'aumône en passant.
Le malheureux qui la demande
Ne verra point qui la fera.
Mais Dieu qui voit tout, le verra.
Je le prierai qu'il vous la rende.

208. — Ustensiles de cuisine. Signé : CHARDIN.
(A M. ***.)

CHARLET (NICOLAS-TOUSSAINT),
Peintre et graveur,
Né à Paris le 20 décembre 1792; fréquenta l'atelier de Gros en 1819, professeur de dessin à l'École Polytechnique.

209. — La Lecture. Signé : CHARLET. b.
(A M. Achard.)

210. — Le Fumeur.
(A M. Achard.)

CHAUDRON.

211. — Paysage.
Manière de Watteau.
(A M. Huvé.)

CHINTREUIL.

212. — Paysage. Effet de brouillard.

CIBOT (ÉDOUARD),
8 ter, rue de Furstemberg,
Né à Paris en février 1799; élève de Guérin et Picot, médaille 1836.

213. — Un Portrait, étude.
214. — Tête d'étude.
215. — Paysage. Effet de clair de lune.
216. — Paysage.
217. — Paysage.
(Ces trois paysages ont été pris près de Bellevue).
218. — Paysage, pris à Cernay.
219. — Paysage, pris à Cerney.

PEINTURE.

COLIN (Marie-Alexandre),

19, rue Mazarine,

Né en 1798, élève de Girodet, médaille 1840.

220. — Kean, acteur anglais, dans le rôle d'Hamlet, d'après Lawrence.

L'original est au musée Britannique.

221. — Ariane, d'après le Titien.

L'original est au musée britannique.
(Au Ministère de l'Intérieur).

222. — La Vierge.

COROT (Jean-Baptiste-Camille), *,

16, rue des Beaux-Arts,

Né à Paris en 1796; élève de Bertin, première exposition 1827, médaille 1833, décoré 1847.

223. — Démocrite chez les Abdéritains. S. 1841.

CROZAT (Joseph-Antoine),

Artiste amateur, né à Toulouse en 1696; mort en 1744. Etudia sous le peintre toulousain Rivals. Protecteur de Watteau.

224. — Cérès.

Gravé par Cars.

(A M. Roëhn.)

DAVID (Jacques-Louis),

Né à Paris le 30 août 1748, mort à Bruxelles le 29 décembre 1825; élève de Vien; 1772 second prix; 1775 premier prix; 23 août 1783 académicien; 1792 élu membre de la Convention; 14 septembre 1792, membre du comité de sûreté générale; 1794, président de la Convention, officier de la Légion d'Honneur; de l'Institut, dès sa création; rayé par ordonnance, et exilé en 1816; peintre du roi, puis premier peintre de l'Empereur; chevalier de l'Empire.

(A M. Abel de Pujol.)

PEINTURE.

DAUZATS (Adrien), ✻,
14, rue Olivier.

Né à Bordeaux en 1804; élève de J.-M. Gué. Méd. 1833,1834, 1835.

226. — L'arc de triomphe de Djimilah en Algérie (province de Constantine). S. 1845.

Ce tableau, commandé par le roi Louis-Philippe, a figuré dans la salle du Conseil des appartements du roi, à Saint-Cloud.

DECAISNE (Henri) ✻,
17, rue de la Rochefoucault.

Né à Bruxelles en 1799; élève de David, Girodet et Gros. Première exposition 1824; médaille 1827; décoré 1842.

227. — Le Chancelier de l'Hospital pendant la Saint-Barthélemy. S. 1850.

(Au Ministère de l'Intérieur.)

DECAMPS, O. ✻,
(Voir le N° 127.)

228. — Vue des Dardanelles. haut. 0,69; larg. 0,44.

(A M. Véron).

DE LACROIX (Ferdinand-Victor-Eugène),
58, Rue Notre-Dame-de-Lorette.

229. — La mort de Christine.

DENNER (Balthazar),
Né à Hambourg en 1685, mort en 1749.

(École allemande.)

230. — Portrait de Femme âgée.

(A M. Duclos).

PEINTURE.

DE TROY (François),

Né à Toulouse en 1645, mort à Paris le 1er mai 1730 ; élève de son père, Nicolas de Troy, de Nicolas Loir et de Claude Lefèvre ; frère de Jean de Troy ; académicien, 6 octobre 1674; adjoint à professeur, 6 décembre 1692; professeur, 26 septembre 1693; directeur, 7 juillet 1708.

(École française.)

231. — Mezettin en costume.   haut. 0,45; larg. 0,33.

Gravé par C. Vermeulen ; ce tableau a figuré au salon de 1699, et a fait partie de la collection Alex. Lenoir.

DE SERRES (C.),
3, Rue du Nord.

232. — Les Syndics des Marchands drapiers d'Amsterdam, d'après Rembrandt.
(L'original est au musée d'Amsterdam.)

(Au Ministère de l'Intérieur.)

233. — Les Arquebusiers se rendant au tir à l'oiseau, ou la Garde de nuit, d'après Rembrandt.
(L'original est au musée d'Amsterdam).

DROLLING père (Martin),

Né à Obergheem (Haut-Rhin), le 19 septembre 1752, mort à Paris, le 16 avril 1817 ; médaille 1806.

234. — La Consultation.   b.
Signé : Drolling F.
(A M. Eude Michel.)

DROUAIS (François-Hubert),

Né à Paris, le 14 décembre 1727, mort le 21 octobre 1776 ; premier peintre de Monsieur. Aacdémicien, 25 novembre 1758.

235. — Les Enfants de France.
Gravé par J.-J. Beauvarlet.
(A M. Duclos.)

PEINTURE.

FELON (Joseph),
4, rue Furstemberg.

236. = Le petit Lac d'Enghien. Effet de crépuscule. (S. de 1850).
237. — Les Laveuses de Nice.
238. — Tête d'étude. (S. de 1850).

FÉRON.

239. — Pélerinage à la Grotte. Paysage pris en Algérie.
(M. Huvé.)

FLANDRIN (Paul).

240. — Les Péninents de la Mort dans la campagne de Rome; ils vont chercher les corps abandonnés et leur donnent la sépulture. S. 1840.
241. — Site de Provence. — Le Mont Ventoux.

FLEURY (Léon), ✻,
46, rue Saint-Lazare.
Médaille 1845, décoré 1851.

242. — Un Bocage en Normandie. S. 1850.

FOUREAU.

243. — Derniers moments de Chatterton après avoir pris le poison. Les enfants de son hôtesse lui apportent des fruits.
Sujet tiré du drame d'Alfred de Vigny.
244. — Shelley, célèbre poète anglais, contemporain et ami de Byron. Il se sépare de ses enfants par ordre du lord Chancelier.

245. — Pêcheurs.

FRA ANGELICO (Fra Giovanni da Fiesole, dit),

Né vers l'an 1387. Son nom était Santi Tosini avant qu'il entrât dans l'ordre de Saint-Dominique. Il a été le contemporain de Masaccio et de Gentile da Fabriano, et non leur élève, si toutefois les dates de leurs naissances sont certaines. Il travaillait encore en 1457 pour la cathédrale d'Orvieto.

(Ecole Florentine.)

246. — L'Annonciation. b.

Dans une galerie ouverte d'où on aperçoit la ville de Nazareth, la Vierge, à genoux sur un prie-Dieu, reçoit avec trouble l'envoyé du ciel et l'annonce de son message.

(Voir le n° 201.)

(A M. le général Cubières).

FRAGONARD (Nicolas),

Né à Paris en 1732; mort dans la même ville le 22 août 1806; élève de Boucher.

247. — Bonheur du premier baiser. b.

(A M. Walferdin.)

248. — La Vision. b.

(A M. Walferdin.)

249. — Tête d'enfant.

(A M. Walferdin.)

250. — La Corbeille. b.

(A M. Duclos.)

DE FRESNE (Emile),

Né à Lille, 1816.

251. — La Communion de saint François,

(d'après P.-P. Rubens).

252. — L'Éducation de la Vierge,
(D'après P.-P. Rubens.)

253. — Tryptique. — La Vierge et l'Enfant Jésus. — Le Christ descendu de la croix. — Saint-Jean l'Évangéliste.
(D'après P.-P. Rubens.)
Les originaux de ces trois tableaux sont à Anwers.
(Ces copies appartiennent au Ministère de l'Intérieur).

GARNERAY (AMBROISE-LOUIS),

24, rue des Martyrs,

Peintre et graveur; élève de son père, ancien directeur du musée de Rouen, médaille 1819, décoré en 1851. (M. 2e cl.)

254. — Vue d'Antibes.
haut. 0,52; larg. 0,70.

255. — Vue des Bouches de l'Elbe. (S. de 1850.)
haut. 0,32; larg. 0,44.

256. — Vue du port de Sunderland, prise en dehors de la passe d'Anvers. (S. de 1850)
haut. 0,43; larg. 0,68.

GASSIES,

Né à Bordeaux en 1786, mort en 1832; élève de Lecour et Vincent, chevalier de la Légion-d'Honneur.

257. — Le Rocher de Shakespeare. Effet de brouillard près de Douvres. (Signé : GASSIES, 1831.)

Ce tableau a fait partie de la collection du roi Louis-Philippe au Palais-Royal. Il a également appartenu au comte d'Houdetot. Enfin il est indiqué au salon de 1831, comme appartenant à la comtesse de N***.

PEINTURE.

GENDRON (Auguste),
408, rue Saint-Honoré,
Médaille 1846.

258. — Le doux Entretien.

(A M. Arsène Houssaye.)

(GÉNIOLE Alfred),
24, rue de la Victoire.

259. — Philippe IV, portrait équestre, d'après Vélazquez.

L'original est au musée del Rey, à Madrid.

260. — Isabelle de Bourbon, première femme de Philippe IV, portrait équestre, copie d'après Vélazquez.

L'original est au musée del Rey de Madrid.

261. — Le Comte-Duc d'Olivarès, portrait équestre, copie d'après Vélazquez.

L'original est au musée del Rey, à Madrid.

262. — L'Imbécile de Coria, menin de Philippe IV, copie d'après Vélazquez.

L'original est au musée del Rey, à Madrid.

263. — El Nino de Vallecas, menin de Philippe IV, d'après Vélazquez.

L'original est au musée del Rey, à Madrid.

PEINTURE.

264. — L'Infant don Balthazar Carlos, fils de Philippe IV, portrait équestre, d'après Vélazquez.

L'original est au musée del Rey, à Madrid.

(Copie achetée par le Ministère de l'Intérieur.)

265. — Une Bourgeoise de Madrid, portrait en pied.

GÉRARD (FRANÇOIS),

Né à Rome en 1770, mort à Paris le 11 janvier 1837; élève de David en 1786, après avoir étudié chez Brenet et Pajou. Second grand prix 1789, première exposition 1795, membre de l'Institut 1812, professeur à l'école des Beaux-Arts, Baron 1816, premier peintre du roi, officier de la Légion-d'Honneur, chevalier de Saint-Michel.

266. — Daniel qui défend la chaste Suzanne. Tableau de concours du prix de Rome.

(Signé : F.-G. 1790).

Ce tableau ne put obtenir le prix, parce que la mort du père de Gérard interrompit ses travaux et l'empêcha de le terminer à temps. (Voyez la biographie de Gérard par C. Lenormand.)

267. — Lady Jersey.

Portrait peint en 1814. — C'est le premier fait; lady Jersey ayant demandé des modifications dans le costume, Gérard préféra faire un second portrait.

(Appartient à M. Henri Gérard.)

GÉRARD (Mlle),
Médaille 1835.

268. — La Leçon de Dessin.

(A M. Duclos.)

269. — L'Heureuse Mère

(A M. Duclos.)

PEINTURE.

GHERARDO delle **NOTTI** (Gerard Honthorst, dit),

Né à Utrecht en 1592, mort vers 1662; élève d'Abraham Bloemaert.

270. — Jésus chez les Disciples d'Emmaüs.
    (V. le N° 201.)
        (Appartient à M. le général Cubières.)

GIROUARD (Mlle Henriquetta),

Née à Lisbonne en 1819; élève de Gosse.

271. — Suzanne au bain.

GIROUX (André), ✻,
Rue de Bruxelles, 22,

Né à Paris en 1801, premier grand prix de Rome en 1825, décoré en 1837; première exposition, 1817, médaille, 1822, 1824, 1831.

272. — Paysage.

GOSSE (Nicolas-Louis-François), ✻,
7, rue de Lancry,

Né en 1787; élève de Vincent, méd., 1819, 1824, 1825, décoré; 1824.

273. — Saint-Vincent-de-Paul, accompagné du comte et de la comtesse de Joigny, porte aux condamnés au bagne des grâces et des consolations.   (S. de 1850.)

274. — Newton, ayant laissé une bougie allumée dans son cabinet de travail, son chien la renversa et il rentra au moment où ses manuscrits, consumés, n'étaient plus qu'un amas de cendres.   (S. de 1850.)

PEINTURE.

275. — Luis de Camoëns, à la suite d'un naufrage, aborde les rochers de Cambodje, en tenant d'une main son épée et de l'autre le manuscrit des *Lusiades*. (S. de 1850).

276. — Galilée, aveugle et malheureux, démontre son système à ses élèves et aux grands de Florence. (S. de 1850.)

277. — Descente de Croix, d'après P.-P. Rubens.

GRANET (François-Marius),

Né à Aix en 1776, mort le 21 novembre 1849 ; élève de Constantin et de David ; première exposition, 1800 ; médaille, 1808 ; conservateur au musée du Louvre ; chevalier, 1819 ; membre de l'Institut, 1830 ; officier de la Légion d'Honneur, 1833 ; chevalier de Saint-Michel, 1822.

278. — Le Maréchal de Joyeuse.

(Signé : GRANET à Paris, 1825).

(A M. le marquis de Pastoret.)

GRÉGORIUS (Albert),

Élève de David, directeur de l'école de Bruges, médaille, 1814.

279. — Mme de Staël.

D'après Gérard, peint en 1824 ; a fait partie de la collection du roi Louis-Philippe, au Palais-Royal.

GRÉVEDON (Pierre-Louis, dit Henri), ✻.

1, place Pigale,

Né à Paris le 17 octobre 1783 ; élève de Regnault ; première exposition, 1798, médaille, 1805, 1824, 1825, 1831, décoré en décembre 1830.

280. — Portrait de Femme.

281. — Portrait de Femme.

PEINTURE.

GRIMOUD (Alexis),

Né vers 1640, mort à Paris vers 1740.

(École Française.)

282. — Portrait de Grimoud, peint par lui-même,
Manière de Rembrandt.

(A M. Jousselin).

GROLIG (Curt).

283. — Vue de Paris, prise aux environs de Meudon.
Figures par Horace Vernet.

S. 1846.

GROS (Antoine-Jean),

Né à Paris en 1771, mort à Meudon le 26 juin 1835; élève de David; membre de l'Institut par ordonnance, 1816; professeur à l'école des Beaux-Arts; baron, 1825; officier de la Légion d'Honneur, chevalier de Saint-Michel.

284. — F. Gérard.

(A M. Henri Gérard.)

GUIAUD.

285. — Vue de Monaco.

HUISMANS de MALINES.

(Voir N°   )

286. — Paysage.

(A M. Duclos.)

287. — Paysage. Effet de soleil.

(A M. Jousselin.)

42.   **PEINTURE.**

JOLLIVET (Jules), ✻,

34, rue Saint-Lazare, cour d'Orléans.

Né à Paris en 1803; élève de Huvé, Famin, De Juinne et Gros, médaille 1833, 1835; décoré 1851.

288. — Halte de Bohémiens dans les montagnes de Guadarrama.

JONGKIND (Jean-Baptiste),

1, place Pigale.

Né en Hollande vers 1819; élève d'Isabey.

289. — Marine.

(A la Loterie des Lettres et des Arts.)

290. — Souvenir de Brest.

JOYANT (Jules),

13, rue du Nord.

Né à Paris en 1804; élève de Lethières, médaille 1835, 1840.

291. — Intérieur de la Cour du Palais des Doges, à Venise.

KNIP.

292. — Paysage.   Signé : I.-A. Knip, 1825.

(A M. le Marquis de Vérac.)

LACROIX (Gaspard).

293. — Paysage. — Baigneuses.

294. — Paysage. — Baigneuses.   S. 1850.

PEINTURE.

LANCRET (Nicolas).

(V. le n° 96.)

295. — Le Joueur de Cornemuse.
(A M. Duclos.)

LARGILLIÈRE.

(V. le n° 100.)

296. — Louis de Bourbon, comte de Vermandois, fils naturel de Louis XIV et de Mme de La Vallière, grand amiral de France.
(A M. Roëhn.)

297. — Madame Lemaître.
(A madame Petau.)

298. — Mademoiselle Lemaître.
(A madame Petau.)

299. — Le Vœu du corps de Ville de Paris à sainte-Geneviève en 1694.

Réduction du tableau votif qui figure encore à Saint-Etienne-du-Mont, faite probablement pour la gravure, si l'on en juge d'après les lettres de renvoi qui se trouvent au-dessus de chaque personnage. Largillière s'y est peint. (Voir sur le tableau original Florent le Comte.)
(A M. Duclos.)

LEBOUYS,

1, rue Mazarine, et 3, au palais de l'Institut.

300. — Frères de la Rédemption des Captifs rachetant des esclaves en Afrique.

PEINTURE.

LEBRUN (Mme), LOUISE-ELISABETH, née VIGÉE,

Née en 1756, morte en 1842; élève de Vigée, son père, de Joseph Vernet et de Greuze, maître peintre à l'académie de Saint-Luc par lettres du 25 octobre 1774; académicienne, 1783, 31 mai.

301. — Portrait de l'acteur Caillot, rôle du Chasseur dans l'opéra-comique les Chasseurs et la Laitière.

(A M. Eude Michel.)

302. — Portrait de Dugazon jouant le rôle d'Unique dans Syncope, parodie de Pénélope, représentée à la cour, le 21 janvier 1786.

(A M. le marquis de Pastoret.)

303. — Madame Lebrun peinte par elle-même.

(A M. Arsène Houssaye).

LEFÈVRE (ROBERT),

Né à Bayeux le 18 avril 1756, mort à Paris le 3 octobre 1830; élève de Regnault, premier peintre de la chambre du roi sous la Restauration, 1816; première exposition 1791.

304. Portrait de M. de Mercey père.

(A M. F. de Mercey.)

LE GENISSEL (LOUIS-FRANÇOIS-EUGÈNE),

16, rue des Cannettes,

Né à Paris en 1807; élève de Maujaize.

305. — Un Drame se prépare. Scène familière.

PEINTURE.

LENOIR (ALEXANDRE-ALBERT),
2, rue Monsieur-le-Prince,
Élève de Debret.

306. — Le roi saint Louis fait déposer dans la Sainte-Chapelle de Paris, les reliques apportées d'Orient le dimanche de Quasimodo, XXVe jour d'avril M.C.C. XLVIII.
(Les figures de ce tableau sont de Jules Laure.)

LENOIR (MARIE-ALEXANDRE), ✻,
Né à Paris, le 26 décembre 1761; élève de Doyen; fondateur du musée historique des monuments français, mort le 10 juin 1839; chevalier de la Légion-d'Honneur et de l'Éperon-d'Or de Rome.

307. — Tête de Femme.
D'après un tableau de Titien qui se trouvait dans l'ancienne galerie d'Orléans.
(A M. Albert Lenoir.)

LÉPAULLE (FRANÇOIS-GABRIEL),
27, rue des Martyrs.

Né à Versailles en 1804; élève de Regnault, Horace Vernet et Bertin, première exposition 1824, médaille 1831.

308. — La Sultane Nourmahal.   (Salon de 1847.)

LEULLIER (FÉLIX).

309. — Chrétiens livrés aux bêtes.   (S. 1839.)

« Grande fête au colysée de Rome sous l'Empereur Domitien, l'an 90 de J.-C. Il y eut ce jour là dans l'enceinte 700 bêtes, telles que : éléphans, hippopotames, rhénocéros, lions, lionnes, tigres, panthères, hyènes, ours, chevaux sauvages, dromadaires, gazelles, autruches, etc., des gladiateurs, des prisonniers gaulois, et surtout des chrétiens, qui tous périrent aux applaudissements de cent mille spectateurs. »
(CREVIER, *Histoire des Empereurs*).

LOUTHERBOURG, ou mieux LUTHERBURG
(Philippe-Jacques),

Peintre et graveur, né à Strasbourg le 31 octobre 1740, mort à Londres en 1813; élève de Tischbein et de Casanova; académicien, 22 août 1767.

310. — Paysage. Un Femme, monté sur un cheval brun, cause avec un Pâtre.   ovale. b.
(A M. Jousselin.)

MAES (Nicolas).

Né a Dordrecht en 1632, mort en 1693; élève de Rambrandt.

311. — Un Magistrat.   (Signé : Maes, 1669.) b.
(A M***.)

MAITRE INCONNU.

312. — Portrait. Un Musicien hollandais.
(A M. Picot.)

313. — Portrait. Un Magistrat.
(A M. Picot.)

314. — Jacques Torelli.

Architecte et décorateur, né en 1608, mort en 1678. Faits rappelés par une petite notice manuscrite, collée à l'angle gauche du tableau.
(École Italienne.)
(A M. le baron Taylor.)

315. — Un Tambour espagnol.
(École de Ribera.)
(A M. Lenormand).

PEINTURE. 47.

MAITRE INCONNU.

316. — La Madeleine repentante.
    (Ecole du Guide.)
                                                  (A M. Huvé.)

317. — Saint Jean.
    (École française du XVIIIe siècle ?)
                                                 (A M. Huvé.)

318. L'Acteur Caillot.
    (Ecole française au XVIIIe siècle.)
                                            (A M. le baron Taylor.)

319. — Marine.
                                                 (A M. J. Joyant.)

320. — Paysage.
                                                 (A M. J. Joyant,)

321. — Martyre de saint Pierre.
Petite esquisse du tabeau de P. P. Rubens qui est à Cologne.
                                                 (A M. Abel de Pujol.)

322. — Sujet inconnu.
    (Ecole vénitienne.)
                                      (A M. Eudes Michel).

MARILHAT (Prosper),

Né en 1814; étudia quelque temps Camille Roqueplan, médaille 1835.

323. — Un Café du Caire. (Signé : P. MARILHAT, 1827.)
                                                 (A M. Goffin,)

MICHEL.

324. — Un arc-en-ciel, paysage.
                                        (A M. ***.)

MOLNAER, (Corneille, dit el Louche)

Né à Anvers vers 1540 ; élève de son père.

325. — Le Benedicite. b.

Signé, dans la traverse de la table : Molenaer.

(A M. Huvé.)

326. — La Taverne. b.

Signé, dans le ventre du tonneau : Molenaer.

(A M. Huvé.)

(Le Louvre n'a aucun tableau de Molenaer.)

MULLER (Charles-Louis), ✹ ✹,

66, rue de la Victoire,

né à Paris le 22 décembre 1815 ; élève de son père, peintre en miniature, et de Gros. Première exposition 1836.

327. — Les Effets et les Causes.

(Sujet tiré de Candide.)

(A M. Gache.)

NATTIER (Jean-Marc),

Né le 17 mars 1685, à Paris, mort le 7 novembre 1766 ; fils de M. Nattier, peintre de portraits, et de Marie Courtois, peintre de miniature ; beau-père de Tocque ; filleul de Jouvenet, académicien le 28 octobre 1718 ; adjoint à professeur, 26 mars 1746 ; professeur, 29 mai 1752.

(École française.)

328. — La Rosa Alba, peintre de pastels.

(A M. Eude Michel.)

OMMEGANK (Balthazar-Paul),

Né à Anvers en 1755, mort dans la même ville, le 18 janvier 1826 ; chevalier de l'ordre du Lion belge, membre de l'Institut royal des Pays-Bas.

329. — Paysage. b.

(Signé : L.-P. Ommegank, R. 1816.)

(A M.***.)

PAPETY (Dominique),

Né à Marseille, mort en 1849 ; premier prix,

330. — Une Odalisque.

(A M. Courtépée.)

PARIS (Joseph-François),

33, rue de l'Entrepôt.

331. — Paysage avec animaux.

PARROCEL (Joseph),

Né à Brignole en 1648, mort à Paris le 1er mars 1704 ; élève de Bourguignon ; académicien, 14 novembre 1676 ; conseiller, 28 septembre 1703.

332. — Une Bataille.

(A M. Usanne.)

PASCAL (Antoine),

Né à Mâcon en 1808.

333. — Fruits et Fleurs.

334. — Vue prise à l'Epine. Forêt de Fontainebleau.

335. — Un Terrain dans la forêt de Fontainebleau.

PEINTURE.

PATEL (BERNARD ou PIERRE), le Père,

Né en 1654; tué en duel en 1703.

336. — Paysage avec Architecture.

(A M. Jousselin).

PETIT (JEAN-LOUIS),

193, rue de Vaugirard,

Né à Paris le 10 novembre 1797; élève de Regnault; première exposition, 1822; médaille, 1834.

337. — Marine.

(Écoles florentine et romaine).

PIGAL (EDMOND-JEAN),

23, rue de Rocroi, faubourg Poissonnière,

Né à Paris en 1794; médaille, 1834.

338. — Chanteurs ambulants.   S. 1850.

(Au Ministère de l'Intérieur).

PILS (ISIDORE),

1, place de la barrière Montmartre,

(Voir le n° 158.)

339. — La Mère Saint Prosper, sœur de charité à l'hôpital Saint-Louis, morte le 30 août 1846, exposée dans sa Cellule. Les malades de l'hôpital et les pauvres viennent prier au pied de son lit.   S. 1850.

(Au Ministère de l'Intérieur.)

PORION (Charles).

340. — Les Ivrognes, d'après Vélazquez.
(Los Borrachos).
(L'original est au musée del rey à Madrid, sous le n° 138.)

(Au Ministère de l'Intérieur.)

341. — Reddition de Bréda, d'après Vélazquez. Le marquis de Spinola et le marquis de Leganes commandant l'armée espagnole, reçoivent du général flamand, gouverneur de Bréda, les clefs de la place. La dernière figure à droite du spectateur est le portrait de Vélazquez.

L'original est au musé del rey à Madrid, sous le n° 319.

POUSSIN.
(V. le N° 104.)

342. — Le Printemps.
(A M. Huvé.)

343. — L'Été.
(A M. Huvé.)

344. — L'Automne.
(A M. Huvé.)

345. — L'Hiver.
(A M. Huvé.)

POUSSIN (Copie d'après).

346. Testament d'Eudamidas de Corinthe.

Le tableau original très connu par la gravure, est perdu. Cette copie selon toute apparence contemporaine, offre donc le plus grand intérêt.

(A M. F. de Mercey.)

52.   **PEINTURE**.

RAPHAEL (Raphaello-Sanzio),

Peintre, sculpteur, architecte, né à Urbin, le vendredi-saint, en 1483, mort en 1520, le vendredi-saint. (École romaine); élève de son père, Giovonni Santi ou Sanzio, et du Pérugin.

347. — La Vierge et les deux Enfants.   b.

Ce tableau dont Vasari fait mention, comme l'ayant vu dans la sacristie de la cathédrale de Sienne, est aussi relaté dans l'ouvrage de Lange, en termes qui concordent avec l'inscription suivante en vieux langage toscan, que l'on peut lire au revers du panneau:

> « *Questo quadro e di mano di Raffaello di Urbino, il quale*
> » *essendo andato a roma chiamato dal papa Guilio II, lo*
> » *lascio a me Ridolfo Ghirlandajo per finir li : il panno*
> » *ozuzro e la mano della vergine siome o fatto contro mia*
> » *volonta ma solo per servir lo per essere mio grande*
> » *amico.* »

Il ressort de cette inscription, que ce tableau fut terminé par Ridolfo Corradi del Ghirlandajo, né à Florence en 1485, mort en 1560, fils de Domenico Corradi del Ghirlandajo, peintre, orfèvre et mosaïste, élève de son oncle David Corradi del Ghirlandajo, et de Fra Bartolommeo della Porta.

(A M. le général Cubières.)

REMBRANDT.

(Voir N° 54.)

348. — Portrait d'Homme. Sa tête est couverte d'une toque noire.   b.

(A M. Hnvé).

RICOIS (François-Edme),

5, quai Voltaire.

Né à Courtallin (Eure-et-Loir), en 1795; élève de Bertin; première exposition 1819, médaille 1824; 1825.

349. — Vue du Pont-Neuf (clair de lune).

PEINTURE.

RIESENER (Louis-Antoine-Léon),
1, rue Bayard (Champs-Elysées).

350. — Clytie changée en Héliotrope.   S. 1842.

351. — Une jeune Fille et l'Amour.
Cadre ovale.

352. — Jeune Turc.
(A Mme Cavé.)

RIGAUD (Hyacinthe),

Né à Perpignan, le 25 juillet 1659, mort à Paris le 29 décembre 1743; élève de Pezet, Verdier et Ranc de Montpellier; premier grand prix, 1682; académicien, 2 janvier 1700; adjoint à professeur, 24 juillet 1702; professeur, 27 septembre 1710; adjoint à recteur, 10 janvier 1733; recteur, 28 novembre 1733; chevalier de Saint-Michel, 1727.

(École française).

353. — Boileau-Despréaux.   haut. 0,80; larg. 0,64.
Cadre ovale.

(Gravé par P. Drevet et par P. Savart, 1769.)

(A M. le marquis de Pastoret, de l'Institut.)

ROBERT (Hubert),

Né en 1733, mort en 1808, le 14 avril; élève de F.-P. Pannini; académicien le 26 juillet 1766, conseiller le 31 juillet 1784.

354. — Environs de Rome. Une fontaine placée à l'angle gauche du tableau, porte une inscription latine dont voici le sens en abrégé : H. Robert fit cette fontaine à Rome, en 1786.

355. — La Cascade.

356. — Le Jet d'eau.

357. — La Colonnade.

(Ces quatre tableaux appartiennent à M. le marquis de Pastoret. Ils ont figuré, selon toute apparence, à la vente Boisset. Les figures sont probablement de F. Boucher.)

358. — Paysage.
(A M. Havé.)

359. — La Promenade au parc.
(A M. Havé.)

ROBERT (LÉOPOLD),

Né le 11 mai 1794, à la Chaux-de-Fonds (canton de Neufchâtel), se tue à Venise le 19 mars 1831; second grand prix, 1814; élève de David; première exposition, 1822; médaille, 1822; décoré, 1831.

(École française.)

360. — Une Mère pleurant sur le corps de sa jeune fille. S. 1827.

Commandé par F. Gérard, comme le prouvent les lettres de ce peintre célèbre et les réponses de L. Robert, mises au jour par M. Lenormant (de l'Institut), dans sa biographie de F. Gérard, Paris, 1846.

(Signé : L. ROBERT. Rome, 1826.)
(A M. Henri Gérard.)

361. — Pâtres de l'Apennin, soignant une chèvre blessée. S. 1824.

Commandé par F. Gérard, ainsi que le prouvent les documents réunis par M. Lenormant. (V. p. h. note du n°   .)

(Signé : L. ROBERT. Rome, 1824).
(A M. Odiot.)

ROEHN (Adolphe-Eugène-Gabriel),

Né à Paris le 5 mars 1780; première exposition, 1800; second prix au concours ouvert pour le meilleur tableau représentant la bataille d'Eylau; médaille, 1819.

362. — L'Atelier de Téniers. Parmi les visiteurs on remarque le peintre Wouvermans et don Juan d'Autriche. S. 1840.

363. — Politique et vieux Souliers.

ROEHN (Jean-Alphonse), ✻,

17, quai Voltaire,

Né à Paris en 1799; élève de Regnault et Gros; médaille, 1827; décoré, 1832.

364. — La Lecture intéressante. S. 1850.

ROSSIGNON (Louis-Joseph-Toussaint),

Paris, rue des Martyrs, 44,

Né à Avesnes (Nord), le 31 octobre 1786; élève de Vincent; méd. 1827.

365. — Les Adieux de Louis XVI.

ROUGET (Georges), ✻,

4, rue du Marché-Saint-Honoré,

Élève de David, second grand prix, 1803; médaille, 1814, 1817; décoré, 1822.

366. — Sommeil maternel. S. 1845.

367. — Marie Stuart.

PEINTURE.

368. — Deux Têtes d'Enfants.

369. — Henri IV et se Eenfants.   S. 1850.

SABLET (Jacob-Henri),

Né à Morges, canton de Berne, en 1751; élève de Dubois et Cochers, peintres-décorateurs à Lyon, et de Vien, mort en 1805.

370. — Le peintre Danloux dans son atelier.

Signé. J. Sablet, Rome, 1788.

(A M***.)

371. — Dessinateur en pleine campagne.

(A M***.)

SCHALL.

372. — L'Écrin.   b.

(A M. Prudhomme.

SCHNETZ (Jean-Victor), O. ✻,

Né à Versailles le 14 avril 1787; second grand prix, 1816; médaille, 1819; membre de l'Institut, 1837; directeur de l'Académie de Rome, ; décoré, 1825.

373. — Jérémie pleurant sur les ruines de Jérusalam.

S. 1819.

SCHOPIN (Henry-Frédéric),

Né à Lubeck en 1804; élève de son père, sculpteur, et de Gros; second grand prix, 1830; premier grand prix de Rome, 1831; première exposition; 1835; médaille, 1835.

374. — Le Dix-huit brumaire.

375. — Le Divorce de Napoléon.

SERRUR (Calixte),

Né à Lambersart, près Lille, en 1797; élève de Regnault; a obtenu plusieurs médailles.

376. — Le mauvais Riche, d'après Bonifazio.

L'original est à Venise.

(A l'école des Beaux-Arts.)

SOLARI.

377. — Tête de Vierge, *Mater Dolorosa*. b.

(A M. Jousselin.)

TAUNAY (Nicolas-Antoine),

Né en 1755, mort à Paris en mars 1830; élève de Brenet et de Casanova, membre de l'Institut 1795, chevalier de la Légion-d'Honneur.

378. — Bataille d'Ivry.

(A M. Prud'homme.)

TEMPESTA (Antonio),

Né à Florence en 1555, mort à Rome en 1630; élève de J. Stradan et de Santo Titi.

(Éc. Florentine.)

379. — Bataille au moyen-âge.

(Voir le N° 201.)

(A M. le général Cubières.)

380. — Bataille au moyen-âge.

(Voir le No 201.)

(A M. le général Cubières.)

PEINTURE.

TENIERS,
(Voir le N° 61.)

381. — Concert d'Ivrognes.

Signé du monogramme :

(A M. Huvé.)

THEOTOCOPULI (Dominico), dit le Greco,

Peintre, sculpteur, architecte et écrivain; né en Grèce; mort à Tolède en 1625, à 77 ans; élève du Titien.

382. — Sainte Famille.

THIBAUT (Jean-Thomas),

Peintre et architecte; né à Montiérender (Haute-Marne), le 20 novembre 1757, mort le 27 juin 1826; élève de Boullée et Paris; membre de l'Institut; professeur à l'école des Beaux-Arts.

383. — Vue des Environs de Rome.

(A M. Fromentin.)

TIEPOLO (Giovanni Battista),
(Voir le n° 5.)

(Ecole Vénitienne.)

384. — Une Sortie de bal masqué.

(A M. Duclos.)

TITIEN (Tiziano Vecellio dit le),

Né au petit château de Cadore sur la Piave en 1477; mort de la peste, le 27 août 1576; élève de Sebastiano Zuccato, maître mosaïste, puis de Gentil Bellino et de Giovanni Bellino.

(Ecole Vénitienne.)

PEINTURE.

385. — La Charité.

Voir le n° 201.)

Terminé par le chevalier Libéri de Padoue, né en 1605, mort en 1687.

(Appartient à M. le général Cubières.)

TOCQUÉ (Louis),

Né en 1695, mort le 10 février 1772; élève de Nicolas Bertin et de Nattier, dont il devint le gendre; académicien, 30 janvier 1734; conseiller, 31 janvier 1744.

(Ecole Française.)

386. — La Reine Marie Leczinka, femme de Louis XV.
haut. 0,65 ; larg. 0,50.

(A M. Eude Michel.)

VALLOU DE VILLENEUVE (Julien),

Né en 1795, élève de Garnerey et Millet, médaille 1833.

387. — Jeune fille Romaine donnant à manger à une chèvre.

388. — L'Amour sur les Toits.

VANDER BURCH (Jacques-Hippolyte),

44, avenue de la Santé (Petit-Montrouge),

Né à Paris, médaille 1840.

389. — Chaumière et Moulin à eau près de Saint-Maurice (Beauce).

(S. de 1850.)

390. — Pointe de l'île du Moulin-Joli à Bezons, soleil couchant. S. 1850.

391. — La Cabane des Bûcherons; intérieur du parc de M. le comte d'Ons-en-Bray, à Pacy-sur-Eure.   S. 1850.

VANDERMEULEN (Antoine-François),

Né à Bruxelles en 1634, vivait encore en 1693; élève de P. Sneyers.

392. — Une Bataille.
(A M. Usanne.)

VANLOO (André-Carle),

Né à Nice le 23 février 1705, mort à Paris le 15 juillet 1765; petit-fils de J. Vanloo, fils de Louis; élève de Benedetto Lutti; grand prix, 1724; chevalier romain, 1735; académicien, 30 juillet 1735; adjoint à professeur, 7 juillet 1736; professeur, 2 juillet 1727; adjoint à recteur 29 mai 1752; recteur, 6 juillet 1754; directeur, 25 juin 1763; directeur de l'école royale des élèves protégés, 1769; chevalier de Saint-Michel, 1751; premier peintre du roi, 1762.

393. — Portrait du père de Mme Ledoux, élève de Greuze.   Signé : CARLE VANLOO, 1730.
(A M. ***.)

394. — Gaspard Duchange, graveur du roi Louis XV.
(Gravé par N. Dupuis, dans le recueil d'Odienore.)
(A M. Eude Michel.)

VELAZQUEZ,

(Voir le n° 37.)

395. — Fruits.
(A M. Duclos.)

PEINTURE

396. — L'Infante Marguerite-Thérèse, fille de Philippe IV et de Marie Anne-d'Autriche, née le 12 juillet 1651.

(Ancienne collection du duc de Buckingham.)

(A M. Roëhn.)

VIARDOT (Léon).

Elève d'Ary Scheffer; première exposition, 1836; médaille, 1836; frère de l'écrivain.

397. — Le roi Lear.

VINCENT (François-André),

Né à Paris le 30 décembre 1746, mort le 4 août 1816; élève de son père Elie Vincent et de Vien; académicien le 27 avril 1782; adjoint à professeur le 24 septembre 1785; professeur le 7 juillet 1792; membre de l'Institut, 1795; professeur à l'école des Beaux-Arts; chevalier de la Légion d'Honneur.

398. — Portait de Madame de Lavalette morte sur l'échafaud pendant la terreur.

Signé : VINCENT, 1793.

VLIEGER (Simon),

Peintre et graveur; né à Amsterdam en 1612.

(Ecole Hollandaise.)

399. Marine. Marée montante. b.

Signé : S. DE VLIEGER.

(A M. Jousselin.)

PEINTURE.

MARINES,

Par Théodore GUDIN.

400. — Louis de France, fils de Philippe-Auguste, appelé au trône par les barons anglais, débarque dans l'île de Thanet, 1216.

401. — Le duc d'Orléans (Louis XII), force don Frédéric de se retirer, et débarque ses troupes à à Rapallo, en 1494.   Octogone.

402. — Combat devant Orbitello, 1646.

Le paysage représente la baie et la ville de Pausilippe, près de Naples.

403. — Le duc de Beaufort, secondé par le commandant Paul, s'empare de Gigéri, 1664.

404. — Le 20 décembre 1676, le comte d'Estrées reprend l'île de Cayenne sur les troupes des états-généraux.

405. —. Le comte d'Estrées bat la flotte hollandaise dans le port de Tabago, 1677.

406. — Le comte d'Estrées s'empare de l'île de Tabago, 1677.

407. — Soumission de Tunis, 1685.

408. — Jean Bart sort du port de Dunkerque avec son escadre à travers une flotte anglaise, 1691.

409. — La flotte anglaise est repoussée devant Brest, 19 juillet 1694.

PEINTURE.

410. — Quatre vaisseaux français dispersent une flotte anglaise, 1697.

411. — Le chevalier Du Quêne-Monnier s'empare d'Aquilée, 1703.

412. — Le capitaine de vaisseau Renaud, avec les frégates *la Prudente, la Cybèle* et *le Coureur*, attaque deux vaisseaux de ligne anglais et les force à lever leur croisière, qui causait un grand préjudice à la colonie de l'île de France. 22 octobre 1794.

413. — La frégate *la Preneuse*, capitaine Lhermite, poursuivie par le vaisseau anglais *le Jupiter* de cinquante canons, le met hors de combat. 9 octobre 1798.

414. — Quatrième et cinquième combats de la frégate *la Loire*, capitaine Segond. La frégate est contrainte de se rendre après cinq combats acharnés contre des forces supérieures, 16 septembre, 23 octobre 1798.

415. — *La Psyché*, frégate française

416. — Belle défense du navire *la Psyché* contre la frégate anglaise *le San Fiorenzo*, 1805.

417. — Destruction des établissements anglais de la Dominique, commandée par le contre-amiral de Misiceny, par l'escadre française, le 22 févrie 1805.

PEINTURE.

418. — Prise à l'abordage de la frégate anglaise *la Cléopâtre*, par la frégate *la Ville de Milan*, 1805.

419. — Le vaisseau *le Foudroyant*, attaqué par une division anglaise, relâche à la Havane, 1806.

420. — Combat de la frégate *la Poursuivante* contre le vaisseau *l'Hercule*, 1803.

421. — Combat du *Palinure* contre la *Carnation*. 1808.

422. — Le Brick *le Cygne*, capitaine Menouvrier de Fresne, attaqué près de Saint-Pierre-Martinique, par une division anglaise de 2 frégates, 3 bricks et 7 péniches, s'en fait abandonner après une héroïque et meurtrière résistance. 12 décembre 1808.

423. — La frégate *le Niémen*, capitaine Dupotet, combat avec avantage la frégate anglaise *Améthyste*, et va la réduire, lorsque celle-ci est secourue par *l'Arethusa*. Le *Niémen* se rend après avoir dignement soutenu l'honneur du pavillon. 5 et 6 avril 1809.

424. — Prise de *la Proserpine* devant Toulon. 1809.

425. — Combat du brick *l'Abeille* contre le brick *l'Alacrity*. 1811.

426. — Vue prise en Algérie. — Coup de vent à Sidi Feruch, le 16 juin 1830.   S. 1831.
Ancienne collection Perregaux.

427. — Marine.

428. — Marine.

Dessins,

BERGERET (Pierre-Nolasque),

44, rue de Cléry,

Né à Bordeaux; élève de David; médaille, 1808; grand prix du gouvernement en 1806, pour un tableau représentant les honneurs funèbres rendus à Raphaël.

429. — Anne de Boulen, femme de Henri VIII, ro d'Angleterre, apprenant sa condamnation à mort.   S. 1850.

D'après le tableau qui parut au salon de 1814.

430. — La Charité.   S. 1850.

BIDA (Alexandre).

431. — Scène du Choléra, au Caire.   S. 1850.

(Au Ministère de l'Intérieur.)

BOUCHET (Gabriel),

Élève de David; pensionnaire de France à Rome.

432. — Isabey père.

(A M. Bouchet fils.)

DESSINS.

BRUANDET (Éléazar),
Mort en 1803.

433. — Vue prise au Bois de Boulogne (*gouache*).
Signé : L. Bruandet, 1793.

CALLOT (Jacques),

Peintre et graveur ; né à Nancy en 1593, mort dans la même ville, en 1635 ; élève de Claude Henriet, de Canta Gallina, de J. Parigii et de Ph. Thomassin.

434. — Portrait de Callot, par lui-même (*plume et sanguine*).
(A M. le marquis de Pastoret.)

435. — Deux Gueux se chauffant (*plume, lavé*).

436. — Saint Pierre (*plume, lavé*).
Ces deux dessins sont renfermés dans le même cadre.
(A M. le baron Taylor.)

CASSAS (L.-F.),

Peintre et architecte ; né à Azay-le-Féron (Indre-et-Loire), en 1756, mort en 1827 ; élève de Vien et de Lagrenée jeune ; 1816, inspecteur des Gobelins ; professeur de dessin à la manufacture.
(École française.)

437. — Vue d'Orient (*aquarelle*).   h. 0,35 ; l. 0,45.
(A M. Alb. Lenoir.)

CAREY (Charles),
45, rue de Sèvres.

438. — Porte en ruine, souvenir de Turquie ; d'après Decamps.

DESSINS. 67.

439. — Villa Pamphili, d'après Marilhat.   S. 1850.

CATTREMOLE.
Artiste Anglais contemporain.

440. — Tombeaux (*aquarelle*).

CHATILLON,
49, rue Monsieur-le-Prince,

Second grand prix; 1803, 1804, premier grand prix de Rome, 1804.

441. — Façade postérieure du palais Farnèze à Rome, côté du Tibre.

COGNIET (Léon), ✻,

Né à Paris le 29 août 1794; élève de Guérin; second prix de peinture, 1815; premier prix, 1817; médaille, 1824; décoré, 1827.

442. — Métabus (composition à la sépia, pour le tableau qui valut à Cogniet le premier grand prix de Rome).

(A M. Alaux.)

443. — Nisus et Euryale (*sépia*).

(A M. Alaux.)

CONEY (J.),

Artiste anglais, connu principalement par un grand ouvrage intitulé: *Cathedrals..... of France*, etc., publié sous la Restauration.

444. — Intérieur d'une Cathédrale.

Signé : J. CONEY, 1819.

DESSINS.

DAGUERRE (Louis-Jacques-Mandé),

Né à Cormeilles en Parisis (Seine-et-Oise) le 14 novembre 1787, mort à Saint-Mandé en 1851; élève de Degotti, décorateur de l'Opéra; 1822, fondateur du Diorama; 1824, décoré; nommé officier de la Légion-d'Honneur après la découverte du Daguerréotype.

445. — Le Déluge (dessin pour le Diorama). Fixé.

446. — Marine. Fixé.

447. — Ruines. Fixé.

448. — Une Ferme. Signé : Daguerre.

DAVID (J.-L.).

V. le N° 225.)

449. — Mort des Fils de Brutus (composition pour le tableau qui est au Musée).

(A M. Walferdin.)

DELAROCHE (Paul), O. ✻,

Né à Paris en 1797; élève de Gros; première exposition, 1822; médaille, 1824; décoré, 1831; membre de l'Institut, 1832.

450. — Portrait de M. Laborde (*mine de plomb*).

(A M. ***.)

DEMOUTIER ou DUMOUTIER (Gabriel).

Plusieurs des portraits aux trois crayons qui suivent, ont été attribués également à d'autres artistes du même nom et à Lagneau.

451. — Georges d'Amboise, cardinal et ministre d'État sous Louis XII.

(A M. de la Vrillière, secrétaire d'État.)

452. — Le prince d'Épinoy, 1628.

453. — Portrait de Femme, par Daniel Dumoutier.

454. — Portrait d'Homme.

455. — Portrait de Femme, par Daniel Dumoutier.

DESPORTES (Alexandre-François),

Né à Champigneulle, en Champagne, en 1661, mort à Paris le 24 août 1743; élève de Nicasuis.

456. — Jeune Gentilhomme assis. Il tient d'une main un fnsil. Crayon noir et blanc, sur papier bleu.

DURER (Albert),

Peintre, sculpteur, architecte, graveur sur cuivre et sur bois; inventeur, selon quelques auteurs, de la gravure à l'eau forte; né à Nuremberg en 1471, mort à Nuremberg en 1528; élève de Hups-Martin et de Michel Wolgemuth; peintre de la cour impériale.

(École allemande.)

457. — Sainte en costume très riche, avec couronne et gloire, palme a la main. Signé du monogramme (*plume*).

458. — Archer prêt à lancer sa flèche: Signé du monogramme et daté 1519 (*plume*).

459. — Tête de Jeune Garçon. Signé du monogramme et daté 1508. Rehaussé de blanc sur papier vert.

DESSINS.

460. — Cadre contenant : 1° Tête de Femme, plume. Signé du monogramme, daté 1521. — 2° Tête d'Homme (*plume*), Signé du monogramme.

FLACHERON.

461. — Cadre contenant :
  1° L'Arc des Orfèvres.   Photographie.
  2° La Base de la Colonne Trajane.   Photographie.
  (A M. Fréchot.)

462. — Cadre contenant :
  1° Temple de Vesta.   Photographie
  (A M. Fréchot.)
  2° Temple de la Fortune virile.
  (A M. Fréchot.)

FRAGONARD.
(Voir le N° 88.)

463. — La Récompense.   (Signé : FRAGONARD.)
  (A M***.)

464. — Le Travail
  (A M***.)

465. — Le Berceau (*sépia*).
  (A M. Walferdin.)

466. — Satyre lutiné par des Amours.
  (A M. Walferdin.)

DESSINS.

467. — Paysage (*sanguine*). (Signé : FRAGO.)
(A M. Walferdin.)

468. — Temps orageux (paysage).
(A M. Walferdin.)

469. — Taureau (*sépia*).
(A M. Walferdin.)

470. — La Romance (*sépia*).
(A M. Duclos.)

FRANK.

471. — Le Parmesan surpris par les Sbires qui s'arrêtent à la vue de son Tableau représentant la Vierge et l'Enfant Jésus.
Gravure au burin d'après Van Eycken.

GÉNIOLE (ALFRED).
(V. le N° 259.)

472. — La Manola et l'Aveugle (*aquarelle*).

473. — Les Aveugles chanteurs (*aquarelle*).

474. — Femme espagnole, d'après R. Mengs (*aquarelle*).

GÉRARD (FRANÇOIS),
(V. N° 266,)

975. — Cadre contenant deux Esquisses, l'une peinte, l'autre dessinée pour un tableau qui a été

DESSINS.

détruit et qui avait pour sujet : *Le Jugement de Pâris.*

(A M. Henri Gérard.)

476. — Portrait de Femme (*crayon rouge et noir*), fait vers 1828.

(A M. Henri Gérard.)

477. — Portrait du plus jeune Frère de Gérard, dessiné vers 1795 (médaillon).

(A M. Henri Gérard.)

478. — Joséphine de Beauharnais, femme du premier Consul Bonaparte, dessiné vers 1802, médaillon.

(A M. Henri Gérard)

479. — Sainte. Signature autographe rapportée.

(A M. Henri Gérard.)

480. — Cadre renfermant cinq Études :

1° Femme nue, étude pour l'un des pendentifs du Panthéon, la Mort. Éxécuté en 1834.

2°, 3°, 4°, Études pour la mort de Patrocle, tableau laissé inachevé.

5° L'Été, étude pour les Quatre Saisons, compositions éxécutées d'après les dessins de Gérard au château de Saint-Ouen, chez Mme la Comtesse de Cayla.

(A M. Henri Gérard.)

DESSINS.

481. — Variante de la composition de la Mort de Patrocle.

Signature autographe rapportée (*sépia*).

(A M. Henri Gérard.)

482. — La Mort de César.

(A M. Henri Gérard.)

483. — Portrait de madame Bazin,

Dessiné vers 1795, à l'encre de chine.

(A M. Charles Bazin.)

484. — Dessin pour l'Été, attribué à GÉRARD.

(Voir le n° 480.)

GINAIN (EUGÈNE).

485. — Un Combat en Algérie (*aquarelle*).

GIRARD,

37, avenue Montaigne, cité Soleil, Champs-Elysées.

486. — Offrande au dieu Pan (*aquarelle*.

GUÉRIN (JEAN-BAPTISTE-PAULIN),

Né à Toulon, le 25 mars 1783; élève de Vincent et de Gérard, ✳ 1822

487. — Bélisaire (*mine de plomb*).

(A M. Alaux.)

488. — Première pensée du Tableau de Céphale et l'Aurore (*mine de plomb, rehaussée de blanc*).

(A M. Alaux.)

GODEFROID (Mlle).

489. — F. Gérard (*mine de plomb, rehaussée de blanc*).

(A M. Henri Gérard.)

GREUZE (J.-B.).

490. — Tête d'Enfant (*crayon rouge*).

(A M. Fréchot.)

HAGHE,

Né à Tournay.

491. — Paysage (*pastel*).

(A M. Justin Ouvrié.)

492. — La Prise de Jérusalem, lithographié d'après Roberts.

HENNEQUIN (Philippe-Auguste),

Né à Lyon en 1763, mort à Leuze près Tournay, le 12 mai 1833 ; élève de J.-L. David.

493. — Allégorie.

> Un Homme portant un bouclier sur lequel sont écrits ces mots : « *Je marche avec la loi, vos perfides coups deviennent impuissants* », est attaqué avec fureur par trois hommes armés. Derrière lui, une Déesse porte une table de la loi sur laquelle on lit : *les hommes naissent et meurent libres et égaux* (sic) *en droits*.

Plume et bistre.   Signé : Ph.-Aug. Hennequin.

(A M. le baron Taylor.)

DESSINS.

ISABEY père (JEAN-BAPTISTE), O. ✻,
Élève de David.

494. — Mme S***.　　　　　　　　　　ovale.

(A M. Jules Bouchet).

495. — Charge de Nourrit père, dans le rôle de Colin, du Devin du Village (*aquarelle*).

(A M. le baron Taylor, de l'Institut.)

JORANT (JEAN-BAPTISTE-JOSEPH),
Né à Paris en 1788; élève de Mœnch, Pillement, Fragonard fils et Gros.

496. — Vue extérieure de l'église de Notre-Dame-du-Port, à Clermont-Ferrand (*sépia*).

(A M. le baron Taylor.)

497. — Vue extérieure de l'abside de l'église de Notre-Dame-du-Port, à Clermont-Ferrand (*sépia*).

(A M. le baron Taylor.)

LARGILLIÈRE.
(V. le N° 100.)

498. — Un Maréchal de France, revêtu de son armure, tenant à la main son bâton de maréchal (*crayon rouge, rehaussé de blanc, sur papier bleu*).

(A M. le baron Taylor.)

DESSINS.

499. — Un Jeune Seigneur (*crayon noir, rehaussé de blanc, sur papier bleu*).

(A M. le baron Taylor.)

500. — Une Dame de la Cour (*rehaussé de blanc, sur papier bleu*).

(A M. le baron Taylor).

501. — Une Dame de la Cour (*crayon rouge, rehaussé de blanc, sur papier bleu*).

(A M. le baron Taylor.)

LAMY (Eugène), ✻.

502. — Foyer de la Danse, théâtre de l'Opéra.

On remarque Mlle Rachel, MM. Scribe, Th. Gautier, J. Janin, Meyerbeer.

(A M. Véron.)

LATOUR (Maurice-Quentin de),

Né à Saint-Quentin en 1705, mort le 17 février 1788; académicien, 24 septembre 1746; conseiller, 27 mars 1751; peintre du roi.

503. — Schmit, graveur (*pastel*).

Gravé par Schmit.

(A M***.)

504. — Dumont le Romain, peintre, académicien (*paste*).

(A M***.)

LENORMAND (Louis), ✻,

15, rue du Helder; élève de Huvé.

505. — Portail principal de l'Église Saint-Jacques, de Dieppe.   S. 1841.

506. — Chapelle Ango.

507. — Vue générale et détails du Château de Meillant.

La partie flanquée de tours remonte au XIe siècle. La partie de la décoration qui regarde la cour, est l'œuvre de GIOCONDO. Situé dans le département du Cher, ce château a appartenu à Charles de Chaumont, il est depuis 1837 la propriété de M. le duc de Mortemart. — Une partie de ces études avait paru au salon de 1846.

LEQUEUTRE.

508. — Isabey père (*miniature*).

LESPINASSE, ✻,

509. = Vue générale de Toulon.
(A M. Chatillon.)

MAITRE INCONNU.

510. — La Passion (*plume, lavé*).   ovale.
(Ecole allemande.)

511. — Tête de Femme (*pastel*).
(Ecole française.)
(A M. Jousselin.)

512. — Le Médaillon de Louis XVI soutenu par le mérite, la renommée et défendu par la force. (*plume, lavé*).

513. — Portrait d'Homme (*pastel*).

514. — Ruines (*aquarelle*).
(A M. le baron Taylor.)

515. — Ruines (*aquarelle*).
(A M. le baron Taylor.)

516. — Sujet allégorique (*mine de plomb*).   ovale.
(A M. le baron Taylor.)

517. — Environs de Rome (*sépia*).
(A M. le baron Taylor.)

518. — Plafond du château des Tuileries, peint par Corneille; démoli à l'époque de l'établissement de la salle du Conseil par Bonaparte (*sanguine*).

MICHALLON (ACHILLE-ETNA),

Né à Paris le 22 octobre 1796, mort dans la même ville le 24 septembre 1822; fils de Claude Michallon, statuaire; première exposition, 1812; 1817, grand prix de Rome.

519. — La Mort d'Abel (*sépia*).
(A M. Alaux.)

MOREAU (JEAN-MICHEL, dit le jeune),

Né à Paris en 1741, mort en 1814; élève de Lelorrain et Lebas, dessinateur des Menus-Plaisirs et du cabinet de Louis XVI et de Louis XVIII; professeur aux écoles centrales; académicien.

520. — Renou, peintre du roi, académicien.
Signé : J.-M. MOREAU, le jeune, 1785.
(A M. Ferdinand Valat.)

DESSINS.

521. — Ruines dans un paysage (*gouache*).
Signé : L.-M.

NOEL (ALPHONSE-LÉON),
13, quai Conti,

Né à Paris en 1807; élève de Gros et Hersent; médaille.

522. — Portrait de M. Chaix-d'Est-Ange, d'après M. Hippolyte Flandrin.

522 *bis*. — Vases et Orfèvreries.
(A M. Odiot.)

PERNOT (FRANÇOIS-ALEXANDRE), ✻,
10, rue Richepanse,

Né à Vassy en 1793; élève de Bertin; médaille, 1822; décoré, 1846.

523. — Ruines d'une Église romane, paysage.

PROUT (H.-SAMUEL),
Né à Plymouth en 1784, mort en Angleterre en 1852.

524. — Vue de Venise, prise en face du pont du Rialto.
Le clocher que l'on aperçoit dans le fond est celui de l'église della Salute.
(A M. Huvé.)

PRUD'HON (PIERRE-PAUL).

525. — Marie-Adrienne Chameroy, pastel.   ovale.
Née à Paris en 1779, danseuse à l'Opéra le 19 février 1796, morte le 15 octobre 1802.
(A M. le marquis de Pastoret.)

DESSINS.

526. — La Volupté. Signé : PRUD'HON *delineavit*.
(V. le N°   .)

(A M. Henri Didot.)

527. — Dessin allégorique.

(A M. Fréchot.)

528. — Dessin allégorique.

(A M. Fréchot.)

529. — Académie. — Femme (*crayon noir et blanc*).

(A M. le comte de Saint-Aignan.)

RAPHAEL.
(V. le N° 347.)

530. — Le Christ et la Vierge.

(A M. Usanne.)

RIBAUT.

531. — Bas-reliefs du chœur de l'église Notre-Dame de Paris, gravure.

532. — La chûte des Rétrouvés, eau forte, d'après Rubens

SAGOT (ÉMILE).

533. — Une Rue à Tournus; au fond l'abside et le clocher de l'église principale.

534. — Vue intérieure de la cathédrale de Tournus.

DESSINS.

SOULANGE TEISSIER (Louis-Emmanuel),
Médaille

535. — Lithographie d'après Decamps.

TURPIN DE CRISSÉ (Théodore-Lancelot Comte),
✱, de l'Institut.

Né à Paris en 1781 ; élève de son père, première exposition 1806, médaille 1806, inspecteur général des Beaux-Arts, académicien 1816.

(École Française.)

536. — Intérieur du Colysée (*à la plume*).

haut, 0,47; larg. 0,65.

537. — L'Arc de Janus Quadrifons et l'Église Saint-Georges au Vélabre (*à la plume*).

haut. 0,49 ; larg 0,65.

VINCENT,
(V. le N° 398.)

538. — Le président Molé, arrêté par les factieux. Rehaussé de blanc. Dessin pour le tableau exposé au salon de 1779 et qui a orné la salle des conférences de l'ancienne chambre des députés.

(A M. A. Vincent.)

539. — Gessler : costume de théâtre.

WATTIER.

540. — Jeune Fille dessinant.

SUITE DE DESSINS

DES ÉCOLES ÉTRANGÈRES.

Tous les Dessins dont le propriétaire n'est pas nommé, appartiennent à M. le baron TAYLOR.

---

541. — Cadre renfermant :

1° Portrait de Francesco Arteaga ;

Dessin relevé au crayon rouge par B. Murillo ;

2° Mise au sépulcre ;

Dessin lavé par J. Jouvenet ; élève de Laurent Jouvenet, son père, né à Rouen 1644, mort à Paris 5 avril 1717.

(Signé : JOVENET, Ec. junio 16 de 1683.)

3° La Vierge et le Divin Enfant apparaissant aux âmes du Purgatoire.

Gravure par Francesco Arteaga.

542. — Cadre contenant deux Dessins (*plume, lavés*) :

1° Le Roi d'Angleterre descendant de son cheval pour s'agenouiller devant un prêtre :

Par Diego Baldes.

2° La Reddition d'une Ville.

BASSAN (J. DAPONTE).

543. — Scène rustique. (*Sanguine*).

BIBBIENA (FERDINANDO GALLI, dit),

Peintre, décorateur, architecte, écrivain, né à Bibbiena en Toscane, en 1657, mort en 1743.

544. — Architecture composée. Esquisse pour un décor. *Plume et Sépia.*

CAMARON Y BONONAT (DON JOSÉ),

Né à Segorve en 1730, mort à Valence en 1803 ; directeur de l'Académie de San Carlos, à Valence.

545. — Saint Augustin. Crayon noir et blanc.

CAÑO (ALONSO),

Peintre, sculpteur, architecte, né à Grenade, le 19 mars 1601, mort dans cette ville, le 5 octobre 1667 ; élève de Michel Cano, son père, pour l'architecture, de Francesco Pacheco et de Juan del Castillo pour la peinture, de Juan Martinez Montanez pour la sculpture. Peintre du roi Philippe IV en 1663. Maître de J. Nino de Guevara.
(École de Grenade).

546. — Cadre contenant deux Dessins lavés :

    1° Sainte Rose ;

        (Le tableau est à Grenade.)

    2° La Sainte-Trinité.

(Le tableau orne le grand-autel de Saint-Jacques.)

547. — Cadre contenant trois dessins (*plume, lavés*) :

    1° Saint Jean-Baptiste ;

    2° Baptême du Christ ;

    3° Sainte.

548. — Cadre contenant deux Dessins :

1° Assomption. (*Plume, lavé.*)

2° Même sujet.

Dessins exécutés pour des tableaux qui se trouvent dans la grande église de Grenade.

CARRACCI (Annibale).

549. — Les Apôtres. (*Plume, sépia.*)

CASTILLO Y SAAVEDRA (Antonio del),

Né à Cordoue en 1603, mort dans cette ville en 1667; élève de son père Agustin del Castillo et de F. Zurbaran.

(Ecole de Cordoue.)

550. — Cadre contenant deux Dessins :

1° Vision de saint Antoine de Padoue.
(*Plume, papier teinté.*) Signé : Ant. del Castillo.

2° Saint Jérôme dans le désert.
Plume, rehaussé de blanc. papier teinté.)

Signé : A. de Castillo.

551. — Cadre contenant :

1° Architecture composée.
(*Plume, encre de Chine* par Antonio del Castillo.)

2° Le jeune David après avoir tué Goliath.
Plume, sépia). Signé : Antonio de il Castillo.

DESSINS.

DONATO ou DONATELLO,

Sculpteur et architecte; né à Florence en 1383, mort dans la même ville le 13 décembre 1466.

552. — Mise au Sépulcre.

(A M. le baron Taylor.)

COLONNA (ENRICO),

553. — Temple de Pestum.

Signé : Enrico COLONNA.

(A M. Châtillon.)

CORRÈGE (d'après).

554. — Vénus et l'Amour.

(A M. Châtillon.)

ESPINOSA.

555. — Apparition du Christ (*sépia*). Rehaussé de blanc.

556. — Cadre renfermant trois Dessins : 1° sujet inconnu, papier vert; 2° un Apologiste (par HERRERA); 3° la Vierge et l'Enfant Jésus (*plume, lavé*), par MURILLO.

MAITRE INCONNU.

(Ecole allemande.)

557. — Sujet symbolique : deux Anges présentent l'Image de la Sainte-Face. Daté en chiffres latins, 1472. Signé : I.-V.-M. (peut-être WOLGEMUTH); *plume, cintré.*

ÉCOLE ANGLAISE.

558. Intérieur d'une Chapelle, tombeau (*aquarelle*), attribué à CATTREMOLE.

MAITRE INCONNU.
(École espagnole.)

559. — Vision de saint Antoine de Padoue (*plume, lavé*).

560. — L'Adoration de saint Pierre d'Alcantara (*encre de Chine*).

561. — Vision de saint Augustin.

562. — Cadre contenant trois Dessins : 1° un Évangiliste (*encre de Chine*); 2° un Évangiliste (*encre de Chine*); 3° le Marchand de poules; au bas, à gauche, a° 1673 (*plume*).

563. — Un Religieux méditant, *crayon rouge, rehaussé de blanc, papier teinté*.

564. — Cadre contenant : 1° Petit saint Jean (*plume, lavé*); 2° Nativité (*plusieurs crayons*).

MAITRE INCONNU.
(École italienne.)

565. — Foire et Marché (*aqua tinta*).

566. — Scènes de Carnaval (*Aqua tinta*).

567. — Le Mystère de la Conception de la Vierge Marie. (D'après le tableau de Murillo qui est au Louvre.)

MAITRE INCONNU.

568. — L'Albane. Entouré de Génies. *Crayon noir, rehaussé de blanc, sur papier bleu.*

N° 579 du Catalogue de Taillard.   (École de Carle Maratte.)

569. — Portrait de Vélazquez dans un médaillon, avec une légende latine. *Crayon noir.*

570. — Cadre renfermant .

 1° Un Religieux ;

Par Carlo Maratti, élève d'Andrea Sacchi, né à Camerino 1625, mort 1713.

(Signé : CARLOS MARATE FE).

 2° Dessin à la *plume, lavé ;*

Par Carlo Maratti.

(Signé : CARROLUS MARATI).

MICHEL-ANGE BUONAROTTI,

Peintre, sculpteur, architecte, ingénieur et poète, né à Caprese en Toscane en 1474, mort en 1564 ; élève de Dominique et de David Ghirlandajo.   (École Florentine.)

571. — Dieu créant le monde. *Étude.*

(A M. le comte de Saint-Aignan).

572. — Cadre contenant trois Dessins :

 1° Chasse au Sanglier. *Étude. Plume ;*

Par LEONARDO DE VINCI.

 2° Vénus. *Sanguine ;*

Par GUIDO RENI.   (Voir le N°   .)

 3° Sujet historique. *Plume, lavé ;*

Par LEONARDO DE VINCI.

DESSINS.

MURILLO (BARTOLOMÉ-ESTÉBAN),
(Voir le N° 32.)

573. — Cadre contenant :

1° Sujet de piété. La Dévotion au Sacré-Cœur. Légendes : *In odorem sœ. suavitatis.* Le divin monogramme ; *Charitas dni ntri Iesu XRI ;*

2° Un Ange montrant la Sainte-Face.

(Signé B. MORILLO F. BT.

574. — Cadre contenant :

1° Sujet inconnu ;

2° La Divine Prédication ;

3° Sujet inconnu. (Signé MURILLO.)

575. — Saint François. (Signé BARTOLOMÉ MURILLO F.).

576. — Sujet inconnu. *Plume et Crayon rouge.*

(Signé BARTOLOMÉ MURILLO F.)

577. — Cadre contenant deux Dessins de MURILLO :

1° Le Christ apparaît sous la forme d'un jardinier. (Signé MORILLO). *Sépia.*

2° Assomption. (Signé MORILLO F.)

Dessins exécutés pour le palais de *los Cespedes.*

578. — Le Mystère de la Conception. *Plume, lavé.*

(Signé BARTHOLOMÉ MURILLO, 1664.)

Première pensée du tableau du Louvre.

DESSINS.

579. — Cadre contenant :

    1° Vision de saint Ferdinand.

                  (Signé MORILLO. ... 1671.)

    2° Vision de saint Antoine de Padoue, à saint Pierre d'Alcantara.

580. — Cadre contenant :

    1° Une Vierge et l'Enfant Jésus. *Plume, lavé ;*

                (Signé JUAN NINO *Facie.*)

    2° Cortège royal. *Aquarelle.*

         (Probablement pour un frontispice.)

581. — Cadre contenant deux Dessins :

    1° Christ en croix. *Plume, lavé,* par J. PALMA ;

    2° Le Sauveur. *Plume, lavé,* par A. CANO ;

              (Signé AL°. C°, 1660.)

PARMESAN (FRANCESCO MAZZUOLA, dit LE),

Né à Parme en 1503, mort en 1540 ; neveu et élève de Michele et de Pier allrio Mazzuola. Se perfectionna en copiant les ouvrages du Corrège.

582. — Quatre Anges portant les instruments de la Passion.

583. — Quatre Anges portant les instruments de la Passion.

Ces dessins, rehaussés de blanc, ont été faits pour des pendentifs qui se voient à Parme. Ils ont appartenu à Gros.

                (A M. le comte de Saint-Aignan.)

90. DESSINS.

PERINO (Del Vaga).

584. — Lutte de Jacob et de l'Ange.

(A M. le comte de Saint-Aignan).

PIETRE DE CORTONE (Pietro-Berettini dit).

Peintre, architecte, né à Cortone en 1596, mort à Rome en 1669; élève de Baccio, Ciarpi et d'Andrea Commodi, maître de Romanelli.
(Ecole florentine et romaine.)

585. — Sujet religieux. *Plume, lavé.*

P. POMARDI.

586. — Cascades de Terni.

(A M. Châtillon.)

REMBRANDT.

(V. le N° 54.)

587. — La Charité romaine.

RIBALTA (Francesco),

Né à Castellon de la Plana (roy de Valence), après 1551, mort à Valence, le 12 janvier 1628; maître de Ribera.
(Ecole de Valence.)

588. — Sujet religieux (*sépia*).

RIBALTA (Juan de),

Né à Valence en 1597, mort en 1628, dans le mois d'octobre, fils et élève de Francesco de Ribalta.
(Ecole de Valence.)

589. — Saint Paul écrivant ses épîtres (*sépia*).

DESSINS.

590. — Apparition du Christ aux âmes du Purgatoire (*plume, lavé*).

ROMANELLI (Giovanni-Francesco),
Né à Viterbe en 1617, mort en 1662; élève de Pietre de Cortone.
(Ecole romaine.)

591. — L'Assomption (*plume, lavé*), dessin pour un plafond.

592. — Le Couronnement d'épines (*plume, lavé, cintré*).

593. — Sujet allégorique (*encre de Chine, cintré*).

594. — Le roi d'Espagne, descendant de son carrosse pour adorer le saint Viatique (*encre de Chine, cintré*).

595. — Cadre contenant deux Dessins (*plume, lavés*) :

1° Un Saint, décoré des ornements royaux, par Romulo.
2° Un Ecce Homo, par A. Cano.

SCHOEN (Martin) ou Schoenhaer, surnommé le Beau Martin,
Né à Culmbach en 1420, mort à Colmar en 1486; orfèvre, peintre, graveur; selon quelques auteurs, inventeur de la gravure au burin. Maître inconnu.
(Ecole allemande.)

596. — Deux Anges supportant dans les airs le Saint-Sacrement. *Plume, rehaussé de blanc, sur papier teinté.*

DESSINS.

SOLIMÈNE (Francesco-Solimena) dit l'Abbate Ciccio.

Né à Nocera di Pagani, dans le territoire de Naples en 1657, mort à Naples en 1747; élève d'Angelo Solimena son père, de Francesco di Maria, et de Del Po. Étudia les ouvrages de Lanfranc, du Calabrésa de Pietre de Cortone, du Guide et de Carle Maratte.

(École napolitaine.)

597. — Descente de croix. *Plume, encre de Chine.*

598. — Cadre renfermant quatre Dessins :

1° Martyre de saint Augustin;

2° Assomption de saint Pierre d'Alcantara.

Ces deux dessins (*plume et lavés*) sont d'Antonio Viladomat.

2 Un Jeune Homme (*mine de plomb*), par Velazquez.

3° Étude (*plume*), par Berruguete. Signé : de Nano de Beruget.

599. — Cadre contenant cinq Dessins, *plume, lavés :*

1° Tête d'Homme de Valdès;

2° Main;

3° Saint Sébastien;

4° Deux Têtes de Vieillards;

5° Trois Têtes d'Hommes.

Ces quatre derniers Dessins sont d'Alonzo Cano.

VÉLAZQUEZ.

(Voir le N° 37.)

600. — Un Jeune Seigneur. *Mine de plomb.*

VILADOMAT (DON ANTONIO),

Né à Barcelone le 12 avril 1678, mort dans cette ville le 19 janvier 1755; élève de Pascal Baylon, et de B. Perranon.

601. — Cadre contenant huit Dessins :

    1° Vierge en prières ;
    2° Saint Antoine de Padoue ;
    3° La Confession ;
    4° Apparition de saint Bruno ;
    5° Saül ;
    6° Martyre de saint Judas Thadée. La Prédiction ;
    7° Un Évêque ;
    8° Sujet allégorique.

ZUCCARO (FEDERIGO),

Peintre, sculpteur, écrivain, né vers 1543, mort en 1609; frère de Taddeo Zuccaro. Prince de l'Académie de Saint-Luc.

(École romaine.)

602. — Portrait de F. Zuccaro par lui-même.

603. — Cadre renfermant deux Dessins :

    1° Dessin, *lavé*. Saint Luc;

Par P. Pacheco; élève de Luis Fernandez, maître de Vélasquez, né en 1571, mort en 1654.

    2° Dessin au *crayon rouge*. La Flagellation.

Par J. de las Roelas, dit le Clerc Roëlas, né à Séville, de 1558 à 1560, mort en 1625.

(Signé ROELAS).

604. — SUITE DE DESSINS CHINOIS ET INDIENS

(A M. le baron Taylor).

Sculpture.

CAIN (Auguste),
103, Faubourg Saint-Denis.

605. — Étude d'Ibis.
(Cire.)

606. — Étude de bécasse et de musaraigne. S. 1850.
(Cire.)

CLODION (Michel),
Né à Nancy en 1745, mort en 1814.

607. — Satyre et Bacchante.
(Terre cuite.)
(A M. Odiot.)

608. — Corbeille d'Amours.
(Terre cuite).
(A M. Odiot.)

JOUFFROY (François), ✻,
3, rue de l'Est,
Né à Dijon en 1806, élève de Ramey fils, grand prix de Rome, en 1832, membre de l'Institut.

609. — Mort de Mgr. Affre, archevêque de Paris.

MÈNE (Pierre-Jules),
7, rue du Faubourg-du-Temple,
Né le 25 mars 1810 à Paris; médaille

610. — Chien braque.
(Bronze.)

SCULPTURE.

611. — Taureau normand.
(Bronze.)

612. — Epagneul, chien pur sang.
(Bronze.)

THOMAS (Emile),
108, quai Valmy.
Né à Paris en 1817; élève de Pradier.

613. — La Sainte Vierge.
614. — Bacchante.
(Bronze.)

TOUSSAINT (Armand-François-Christophe),
38, rue de Bellefonds.
Né à Paris en 1806, élève de David d'Angers, médaille

615. — Bas-reliefs.
616. — Bas-reliefs.

MÉDAILLES.

BORREL (Valentin-Maurice),
2, rue d'Anjou-Dauphine),
Médaille 1842.

617. — Cadre contenant :
    1° Pie IX, *plâtre bronzé*. Deux médailles, même sujet, face et revers;
    Bronze gravé à l'occasion de l'amnistie.
    2° M. L.***, *bronzé;*
    3° Mlle Mars, *plâtre*. Deux médailles, même sujet, face et revers, *bronze;*
    4° M. Coster, docteur en médecine, *plâtre bronzé*. Deux médailles, même sujet, face et revers, *bronze;*

SCULPTURE.

5° Le maréchal Bourmont, *plâtre bronzé;*
6° M. de Genoude, *plâtre bronzé;*
7° Deux médailles de l'abbé de l'Épée, face et revers;

Commandé par la Commission des monnaies, pour la collection des des hommes utiles. (Bronze).

8° Médaille en portraits superposés de MM. Edgard Quinet, Jules Michelet et Adam Mickiewitz, professeurs au collège de France, face et revers. *Bronze.*

9° Deux Jetons gravés pour l'Administration du mont-de-piété de Rouen, face et revers. *Bronze.* (S. 1848.)

618. — Cadre contenant :

Laurent et Bernard de Jussieu, *bronze.*

(Modèle pour l'exécution d'une médaille.)

ROGAT (Émile).

619. — Cadre contenant 11 médailles en *bronze* :

1° Le général Bertrand, d'après David;
2° Napoléon Bonaparte;
3° Le général en chef Bonaparte;
4° Napoléon empereur et roi;
5° Napoléon Bonaparte;
6° Même Figure;
7° Rouget de l'Isle, auteur de la Marseillaise;
8° Méhémet-Ali, vice-roi d'Égypte;
9° Cormenin;
10° Samuel Hahnemann;
11° Eusèbe Salverte, député de la Seine.

www.ingramcontent.com/pod-product-compliance
Lightning Source LLC
Chambersburg PA
CBHW070308230526
45470CB00002B/777